哈尔滨历史文化丛书
丛书主编：李述笑 阿 成

华彩乐章

音乐之城哈尔滨

苗 笛 李述笑 李荣焕
臧伟强 刘学清 ◎编

黑龙江大学出版社

图书在版编目（CIP）数据

华彩乐章 ： 音乐之城哈尔滨 / 苗笛等编 . -- 哈尔滨 ： 黑龙江大学出版社，2025. 6. --（哈尔滨历史文化丛书 / 李述笑，阿成主编）. -- ISBN 978-7-5686-1309-5

Ⅰ . K293.51

中国国家版本馆 CIP 数据核字第 2025MC2184 号

华彩乐章

音乐之城哈尔滨

HUACAI YUEZHANG YINYUE ZHI CHENG HAERBIN

苗　笛　李述笑　李荣焕　臧伟强　刘学清　编

责任编辑　赵　晶
出版发行　黑龙江大学出版社
地　　址　哈尔滨市南岗区学府三道街 36 号
印　　刷　哈尔滨市石桥印务有限公司
开　　本　720 毫米 ×1000 毫米　1/16
印　　张　11.5
字　　数　188 千
版　　次　2025 年 6 月第 1 版
印　　次　2025 年 6 月第 1 次印刷
书　　号　ISBN 978-7-5686-1309-5
定　　价　45.80 元

关于哈尔滨

关于哈尔滨，没去过的人会有某些听闻和想象；去过的人会留下某些愉快的乃至深刻的记忆；如我这样早年间离开了哈尔滨，久居外省市的人，对哈尔滨的认知已非常局限；而老一辈哈尔滨人和哈尔滨的新生代，对自己家乡的认知，差别又必然很大。

作为土生土长的哈尔滨人，我对这座城市充满感情。从塞外村镇到国际都市、从“共和国长子”到新晋顶流，哈尔滨饱经风雨、英雄辈出，历史悠久、文化多元，物华天宝、人杰地灵。濒江而生、依路而兴的人文风貌，多元交融、凸显智慧的建筑格调，美轮美奂、多姿多彩的冰雪文化，雅俗共赏、魅力非凡的音乐元素，中外荟萃、特色独具的风味美食……凡此种种让这座历史虽然不长，但却极具荣光与力量的国家历史文化名城频频火爆出圈。

有谁想较全面地了解哈尔滨这座众说纷纭的城市吗？

这样的人肯定是有的。

也许，还不少吧？

那么，哈尔滨历史文化丛书对于以上群体应该是具有吸引力的。

丛书目前共七册——《风雨华章——国家历史文化名城哈尔滨》《城市符号——哈尔滨历史城区的人文风情》《流派纷呈——哈尔滨建筑风格纵览》《华彩乐章——音乐之城哈尔滨》《冰情雪韵——哈尔滨冰雪文化》《艺彩风华——文艺名人在哈尔滨》《百年味道——哈尔滨饮食文化寻踪》。

七册书图文并茂，收印了许多珍藏的历史照片，可以说是关于哈尔滨的较全面的小百科书，既能满足了解愿望，又具有欣赏价值、收藏价值。

作为哈尔滨人，我甚为这一套丛书的出版而高兴。遵命作序，倍觉荣幸。

2025 年 6 月 8 日　北京

写在前面

众所周知，历史的丰富性不单是在于文献的表达，而且那些源自于民间的传说、传闻，甚至个人亲历的表述，也是对历史文献的一种有益的补充，在某种程度上，亦可视为对历史文献中的某些含混之处的勘正。对这种多元史料的多义性、丰富性、矛盾性的判断、研究、择取，不仅是作者要面临的难题，更是挑战。再加上历史资料占有的局限，虽然每一位作者都在追求表达的完美、完整，百分之百做到还原一座城市历史的全貌，没有遗珠之憾，可这毕竟是今人和后人永远不可能实现的梦想。毕竟汹涌澎湃的历史长河，带走了许多我们尚不掌握的、珍贵的史料。在这样的情势之下，难免挂一漏万。因此，在这里恭恭敬敬，请方家补正之。

前言

回望哈尔滨的音乐发展历程，早在唐朝时期，生活在黑龙江流域的渤海国受中原文化的影响，在民间音乐的基础上，创造了独特的“渤海乐”，它在唐朝的宫廷乐舞系列中占有独特的位置。金朝入主中原后，在“悉收”宋之典章礼乐的同时，将女真族的音乐也带到了中原，沿袭唐宋的宫廷礼乐制度，熟练地使用唐、宋宫廷乐队的各种乐器，并推行儒学。这在推动南北文化融合的基础上，促进了音乐的多样性表达，满足了不同层次的人们精神文化需求，也对之后元明时期的杂剧和散曲的进一步发展与繁荣，起到了积极的作用。

17 世纪中期，清朝入主中原后，一度实行封禁政策，至中后期则实施了“京旗移垦”“开禁放垦”的政策，使得山东、河北等中原一带的大批满、汉族人移居东北，开荒种地，置业发展，民称“闯关东”。与之相伴，中原地区的传统音乐也随之传入东北地区。

1903 年中东铁路全线贯通后，很多欧洲移民涌入哈尔滨。由此，西方的古典音乐、民族音乐、芭蕾舞等也相继传入了哈尔滨。特别是十月革命胜利后，被称为革命号角的《国际歌》传入哈尔滨，对中国无产阶级革命和红色音乐的发展起到了空前的引领作用。

在抗日战争时期，众多的无产阶级文艺战士在艰苦的环境中创作了几百首抗战歌曲。这些激昂的抗战歌曲极大地激发了人们英勇顽强、视死如归的抗日热情，是抗日战争胜利的重要精神食粮。解放战争时期，在党中央的统一部署下，延安鲁迅艺术学院的部分师生辗转来到东北地区。他们深入哈尔滨、齐齐哈尔、佳木斯、牡丹江等地采风，和老百姓同吃同住，同甘共苦，创作了一大批优秀的革命文艺作品，并创办了哈尔滨大学戏剧音乐系，组建了三十多家文艺团体，为新中国培养了大批优秀的艺术骨干，为哈尔滨音乐事业的繁荣发展奠定了坚实基础。

改革开放以来，哈尔滨在国际音乐文化交流方面的成果显著。专业音乐院团的建设、“哈夏”音乐会的连续举办、群众与少儿音乐文化的普及，经典剧目的创作、音乐人才的培养、音乐场馆的建设，以及诸多国际音乐院团在哈尔滨的演出、多项国际音乐赛事在哈尔滨的成功举办，花团锦簇，精彩纷呈，让哈尔滨的音乐影响力显著提升。2010 年 6 月 22 日，哈尔滨被联合国授予“音乐之城”的荣誉称号，奠定了哈尔滨在国际音乐史上的重要地位。

本书沿着历史的轨迹，以悠扬的旋律为引，生动勾勒出哈尔滨音乐文化发展的壮阔画卷，深刻展现了这座音乐名城在世界艺术舞台上的独特魅力。哈尔滨音乐底蕴深厚，兼容并蓄，所取得的成就难以枚举，然尺幅有限，而乐史无涯，哈尔滨丰厚的音乐积淀，犹如一曲永远写不完的华彩乐章。本书是多人共同合作成果。苗笛负责构建本书框架、提供史实资料；第一章由苗笛、李述笑编写，第二章由李荣焕编写，第三章由臧伟强编写，第四章由苗笛编写，李荣焕负责最后阶段的统稿工作。本书在编写过程中，得到了多方襄助：哈尔滨市文化广电和旅游局、哈尔滨市群众艺术馆、哈尔滨文学创作院为本书提供了丰富的图文资料；刘学清、胡继东、黄炜、宋兴文、黎纲峰、蔡克家、陈南、刘洋、韩伟、朱晓松等人提供了文字史料和图片，在此一并表示感谢。不足和错漏之处敬请读者批评指正。

目录

目录

目录

哈尔滨音乐文化的繁荣发展

哈尔滨
现代音乐的缘起

哈尔滨是联合国授予的“音乐之城”。音乐是哈尔滨城市历史文化之魂。

哈尔滨现代音乐是伴随城市的崛起与现代化而逐步发展起来的。她恰如一部多元音乐文化相遇、对话与融合的史诗，体内包含着博大精深的中华传统音乐“多元一体”的基因，又在与西洋音乐的碰撞中绽放出耀眼的艺术火花。在特定的历史时期，东西方文化在哈尔滨激荡交流，成了哈尔滨现代音乐之嚆矢。

中国传统音乐本身便是多元一体的体现。中原雅乐的庄重，西域乐舞的热情，南方丝竹音的婉约，北方吹鼓乐的豪放，历经数千年的碰撞交融，形成了和而不同、根深蒂固的中国音乐体系；随着中东铁路的修筑与经营，以及世界历史大势的改变，哈尔滨依路而兴，轮轨纵横，华洋杂处，西乐东渐，文化互通。特别是俄国十月革命后，一大批技艺精湛的俄国作曲家、指挥家、音乐家、歌唱家汇集于此，或登台献艺，或甘为园丁，向中国人民介绍了肖邦、巴赫、柴可夫斯基，让中国人民了解什么是交响乐、奏鸣曲、幻想曲，将丰富多彩的古典音乐、风格各异的民谣带到哈尔滨，并培养了中国首批西洋音乐艺术家，提高了哈尔滨市民的音乐鉴赏力，丰富了哈尔滨的文化生活，促进了中俄两国人民的理解和文化交流。外来音乐与中国传统音乐在这里自然融合，成为哈尔滨一道独特的风景线，成为“音乐之城”丰富扎实的历史底蕴。

多元一体的中国传统音乐

北方少数民族的音乐传统

黑龙江流域的音乐文化有着悠久的历史和丰厚的底蕴。在中国传统音乐中有宫廷音乐、民间音乐、宗教音乐和文人音乐等。新中国成立以后，在哈尔滨周边地区出土的古代音乐文物中，金代的音乐历史遗存居多，这些音乐遗存见证了中华民族悠久的文化历史和民族之间的文化交流，反映了传统的价值观念、民族审美心理和情感诉求，再现了传统音乐文化对北方民族音乐文化的深刻影响。

“八面乐舞石幢”为金代石刻艺术品，呈柱状，八面每面都刻有人物浮雕，或翩翩起舞，或击鼓奏乐，或吹笛弄箫，栩栩如生，描绘了起舞、吹洞箫、弹箜篌、弹琵琶、击鼓、抚琴、弹阮咸、吹笛等唐、宋宫廷乐舞场景，八面八种形象组合成一个高歌欢舞的热烈场面，反映了女真人较高的文化艺术水平。石幢上的人物体态、服饰等，具有女真人特点，而所用的鼓、琴、琵琶、箫、阮咸等，都是我国唐、宋时期中原地区常用的乐器，这件文物见证了中原文化对北方少数民族文化的深刻影响。

北宋“上京”款大晟南吕编钟是中国古代的宫廷乐器（礼器），制作于宋代。编钟一面铸“大晟”，一面铸“南吕中声”篆文，是宋徽宗所制新乐——“大晟乐”里的编钟之一。此编钟制作技术精湛，是中国古代宫廷礼乐制度的重要标志，是历史上“靖康之变”的实物见证。

历史上，哈尔滨地区是女真族的肇兴之地。1115 年，女真族完颜部领袖阿骨打建立金王朝，建都会宁（现哈尔滨阿城南），后入主中原。随着南北文化的融合，形成了独具特色的中国北方艺术形式，如诸宫调、连厢词、金院本、蹦蹦戏等，这些艺术形式伴随着历史的发展流传至今。

▲ 八面乐舞石幢（现收藏于黑龙江省博物馆）

▲ 北宋“上京”款大晟南吕编钟（现收藏于辽宁省博物馆）

中原传统音乐文化的传入

17 世纪，满族（女真族后裔）在东北崛起，建立了清王朝并入主中原。东北地区大批满族八旗兵及其家属进关。清政府为保护这片“龙兴之地”，对东北地区实行了封禁政策。直至 18 世纪，面对沙皇俄国不断地对中国北方领土的蚕食，清政府相继实施了“京旗移垦”和“开禁放垦”政策，山东、河北等中原一带的大批人移居到东北地区开荒种地。由此，中原地区的戏曲音乐、说唱音乐、民间器乐等大量传入东北地区。清朝时期的中国戏曲音乐不仅体系完备，而且具有很高的艺术性。

▲ 清末民间艺人演出东北蹦蹦戏

▲ 哈尔滨地区闯关东的民间艺人

19 世纪末，哈尔滨一带形成了由百余个自然村落组成的村镇聚集点。一些从关内来到东北地区谋生的民间艺人，由个体、家庭或师徒组成小戏班，以走街串巷“撂地摊”卖艺为生，表演形式以说唱和曲艺类居多，游走在闯关东形成的村落之间。

闯关东的民间艺人常用的乐器有四弦胡琴、竹笛和三弦，这三种乐器均为中国北方民族弓弦乐器。四弦胡琴清朝流行于东北和华北地区，常用于说唱、二人台、曲剧、皮影戏等民间音乐的伴奏与合奏。竹笛的历史悠久，20 世纪 80 年代，在河南省舞阳县贾湖遗址出土了一批骨笛，是中国出土的年代最早的吹奏乐器。清朝年间北方流行的竹笛以梆笛为主，用于河北梆子、评剧及说唱音乐的伴奏。三弦是中国古老的弹拨乐器，由古代的“弦鼗”演变而来。清朝以来北方地区的三弦主要用于大鼓书、单弦、数来宝等曲艺音乐的伴奏。

▲ 手持四弦胡琴的闯关东民间艺人

▲ 吹竹笛的闯关东民间艺人

▶ 活跃在东北民间的吹奏乐队

闯关东的民间艺人往往拖家带口，艺人们“撂地摊”表演前需要敲锣打鼓“拉场子”来吸引观众，这些活计往往由孩子们或伙计们来完成。

鼓乐棚为活跃在东北民间的吹奏乐队，常见于喜庆家宴、祭祀典礼、迎送礼宾、婚丧礼仪等活动。使用的乐器有唢呐、笙、管、笛，以及打击乐器锣、鼓、镲、竹板等。常用的欢乐曲牌有《满堂红》《句句双》等，悲伤曲牌有《江河水》《大悲调》等。

▲ 敲锣打鼓拉场子的孩子们

▲ 清末哈尔滨民间艺人使用的乐器

哈尔滨早期的民间演艺舞台

19 世纪末，哈尔滨地区已形成了分属于双城厅、宾州厅和呼兰厅管辖的秦家岗、马家沟、香坊、傅家店、四家子、顾乡屯、舍利屯、马家船口等近百个旗民屯落，出现了元聚烧锅、田家烧锅、张家油坊、瓦盆窑、荒山嘴子集等初具规模的手工业作坊和集镇，其中田家烧锅就“有房 32 所，而且有数栋是砖房”。社会分工的进一步发展、农产品的商品化和手工业作坊的初具规模足以说明，当时哈尔滨在自给自足的自然经济占主导地位的同时，商品经济已经有了一定程度的发展。

这个时期，随着闯关东人口的不断增加，多种传统形式的民间音乐活动在哈尔滨地区日趋活跃起来。当时民间音乐的表演形式有二人转、拉场戏、大秧歌、踩高跷、舞狮子以及鼓乐演奏等。

20 世纪初，随着城市的发展，来自关内的人口迅速增加。1906 年，哈尔滨仙女大戏院在埠头区建成并营业。当年国内著名的京剧、评剧、大鼓书和地方戏演员都曾在哈尔滨登台表演。随后，同乐茶园、庆丰茶园、中华茶园、永乐茶园、平安茶园、文明正乐社、新世界消遣场、东四家子劝业场落子园、大观园等数十家文化娱乐场所在哈尔滨建成。剧院里上演的是京剧、莲花落（评剧）、驴皮影（皮影戏）、蹦蹦戏（二人转）等传统戏曲剧目。茶馆、书社里则演出评书、相声、快板、说唱等民间曲艺类节目。当年哈尔滨地区演唱莲花落的王荣贵、演唱蹦蹦戏的郭文宝等，都是深受老百姓喜爱的民间艺人。

▲ 仙女大戏院

大观园位于傅家甸北市场，园内有戏院、茶馆等文化娱乐设施。北市场一带设有客栈、药铺、饭店等众多买卖商家，是哈尔滨最热闹的商业街区和民间手艺人、艺人的聚集区。

滨江大舞台（也称“大舞台”“东四家子大舞台”）位于傅家甸南十六道街，剧场可容纳2000人，舞台面积约150平方米，表演区配有人工旋转舞台。滨江大舞台由当时哈尔滨红十字会会长王精一、富商胡润泽等合资建设，1916年开工，1920年竣工营业。滨江大舞台是当时傅家甸最大的演出场所。

20世纪初，随着中东铁路的修筑，大量中国劳工被招募参加筑路建设，哈尔滨的人口因此迅速增加，传统的民间节庆活动也随之活跃起来。当时，在哈尔滨一些人口稠密的地方，各种民间音乐活动日渐繁荣，出现了搭建在露天的“野台子”。这种“野台子”上演出的多为中国北方传统戏曲种类，例如京剧、评剧、皮影戏和地方说唱曲艺类节目。

▲ 滨江大舞台

▲ 露天舞台，民间俗称“野台子”

民族器乐演奏的兴起

20世纪20年代，民族器乐演奏活动在哈尔滨兴起。来自江苏、浙江、江西、福建、广东等地的客商们在哈尔滨建立了“三江闽粤会馆”，还有来自山东、河北的客商们也建立了自己的“同乡会”。这些会馆、会所组建了民族乐队和说唱演艺团组，他们在闲暇之余演奏自己家乡的传统音乐，如江南丝竹、广东音乐等。“三江闽粤会馆”的民族器乐演奏团队开创了哈尔滨民族器乐演奏的先河。

▲ 哈尔滨地区早期演奏的民族乐器——（上面第一排起，从左至右）梅花秦琴、笙、唢呐、高胡、蝴蝶琴、书鼓

西乐东渐与文化交流

载入史册的哈尔滨百年交响

1899 年初春，跟随中东铁路护路队第二梯队乘船一同来到哈尔滨的有一支成立不久的管乐队，这是第一支来到哈尔滨的西方器乐演奏团队，对哈尔滨日后吹奏乐以及交响乐团的组建产生了一定的影响。

1899 年，中东铁路员工埃尔姆利及家人和铁路医院医生波列基卡、杰施特拉姆、拉杰茨基和戈列利舍夫组成了弦乐四重奏乐团，经常活跃在铁路员工生活区域演奏室内乐，这是哈尔滨早期的西方弦乐演奏团组。

1903 年，中东铁路全线通车，不久俄侨伊万诺夫在埠头区公园开办了“门捷列夫花园剧场”（埠头公园剧场）。日俄战争期间，音乐戏剧生活反映了战争年代的狂热和乱象，女歌手维阿莉采娃来哈巡演轰动全城，狂热的听众一掷万金，像欢迎女王一样地追捧她。娜斯佳·普列维茨卡雅也曾在公园咖啡馆里演唱。

▲ “门捷列夫花园剧场”（埠头公园剧场）

▲ “朴茨茅茨”花园剧场海报

1906 年 7 月，来自俄国的交响乐团在哈尔滨“朴茨茅茨”花园剧场上演了德国犹太裔作曲家门德尔松的《芬格尔洞》序曲和俄国作曲家格林卡的谐谑曲《幻想圆舞曲》等作品，拉开了哈尔滨上演西方交响音乐的序幕。

1907 年，俄国著名小提琴家科斯佳・杜姆切夫在哈尔滨演出了音乐会。此后，来自俄国等西方国家的小提琴、大提琴、钢琴、竖琴等演奏家，歌唱家及众多的芭蕾明星纷纷来到哈尔滨献艺。

1908 年 4 月，俄国外阿穆尔铁路旅团第二营管弦乐队在哈尔滨中东铁路俱乐部后花园的露天剧场演奏了俄国作曲家柴可夫斯基的《1812 年序曲》和作曲家鲍罗廷的交响曲片段，受到了人们热烈的欢迎。

俄国十月革命后，因该铁路旅团的解体，这种军乐演奏的形式逐渐销声匿迹。与此同时，俄国革命汹涌的大潮却把俄国许多有声望的音乐家推送到了哈尔滨。

1919 年，久负盛名的俄国喀山交响乐团指挥家梅捷尔来到哈尔滨，发起并组建了“中东铁路俱乐部交响乐团”，开启了哈尔滨交响乐团的新阶段。此时，一大批来自彼得格勒、莫斯科、基辅等地的师出名门、造诣很深的著名演奏家、歌唱家，如斯卢茨基、格拉夫曼、特拉赫金贝尔格等，都汇聚在中东铁路俱乐部交响乐团。该乐团因名家汇聚、演艺精湛遂声名鹊起，驰名远东。

▲ 中东铁路俱乐部露天剧场

▲ 中东铁路俱乐部

▲ 中东铁路俱乐部交响乐团演职人员合影

▲ 中东铁路俱乐部

▲ 中东铁路俱乐部交响乐团演出

东北沦陷时期，文化归于沉寂。1935 年组建了一支哈尔滨交响乐团，该乐团主要由哈尔滨俄侨音乐家组成。1945 年 8 月苏联红军进驻哈尔滨时，这个乐团更名为“红军俱乐部交响乐团”。新中国成立以后，乐团的有些演奏员继续留在了哈尔滨从事专业音乐演奏活动，有些在哈尔滨从事专业音乐教育工作，还有一部分被聘到北京、沈阳、长春、上海等地的音乐院团任教，也有一部分人回到了自己的祖国，另有一些人去了澳大利亚、美国、德国等国家。

闻名遐迩的弦乐四重奏

哈尔滨音乐史上的弦乐四重奏组合实力雄厚，闻名遐迩，虽多次重组，始终誉满乐坛。

四重奏是西洋交响音乐的基础，是检验音乐团体综合实力、考查演奏家修养水平的标杆。哈尔滨弦乐四重奏经历了几次人员变动，进行重组。第一次四重奏组由克尼希、希费尔布拉特、特拉赫金贝尔格、乌里施捷因组成；第二次四重奏组由特拉赫金贝尔格、沙耶夫斯基、弗鲁姆松、吉斯金特组成；第三次四重奏组由特拉赫金贝尔格、拉缅斯基、波戈金和希多罗夫组成。第三次四重奏组完全是哈尔滨第一音乐学校的教师和该校毕业的学生。第四次重组于 1943 年，年轻有为的小提琴家德兹加尔担任了第一小提琴，希多罗夫和波戈金兄弟参加了组合。尽管哈尔滨四重奏组构成多次发生变化，但其始终是高水准的，其演出始终是精彩的，因此蜚声中外。

◀ 第二次哈尔滨四重奏组

▼ 第三次哈尔滨四重奏组

当然，同期哈尔滨仍有一些其他的弦乐三重奏、四重奏、五重奏组合，其中犹太巨商斯基德尔斯基资助的五重奏组也是极负盛名的音乐团体之一。

哈尔滨历史上的弦乐四重奏组多年来坚持排练演出，至 1942 年已在国内外演出百余场音乐会，他们以深厚的艺术修养、娴熟的演奏技巧、均匀恰当的节奏、浓郁地道的风格赢得听众的喜爱。

风靡哈埠的著名爵士乐队

如果说交响乐古老经典、磅礴大气、端庄高雅，那么爵士乐则显得现代时尚、轻松俏皮、普及流行。在20世纪二三十年代哈尔滨西洋音乐史上，爵士乐占有一席之地。当时哈尔滨非常著名的文学艺术杂志《边界》就曾以《全世界都在倾听哈尔滨人的音乐》为题，向世人介绍了本埠的格依戈涅尔爵士乐队。

格依戈涅尔是20世纪20年代哈尔滨著名的钢琴家和作曲家，由他领衔的爵士乐队由小提琴手扎祖里诺夫、第一萨克斯手布季科夫、第二萨克斯手布任斯基、第三萨克斯手奥甫钦尼科夫、第一小号手利亚宾科、第二小号手拉波、长号手安德罗波夫、大号手捷林格、架子鼓手舍列巴科夫等13人组成。该乐队每个人都曾是俄国颇有名气的乐手，他们有很多自创自演的乐曲，形成了别具一格的演奏风格。该乐队不久便声名大噪，并被世界认可。

1930年，美国哥伦比亚唱片公司派人携灌制唱片之设备，专程慕名来哈，邀约格依戈涅尔爵士乐队灌制唱片，发行于世界。乐队倾情演奏灌制了《请来安慰我》《宁静遥远的海洋》《月季花》《破碎的心》《犹太人舞曲》等40首狐步舞和探戈舞曲，以其曲目清新、节奏明快、风格轻松，享誉中外。这是哈尔滨流行音乐史上值得大书特书的一件盛事！

▼ 格依戈涅尔爵士乐队

爵士乐融合了非洲的节奏与欧洲的和声，20 世纪 20 年代流行于芝加哥，后经纽约传遍美国，不久之后就传入和风靡哈尔滨，并且哈尔滨本土的爵士乐队曾轰动世界，不得不说哈尔滨有深厚的文化基础和音乐基因。

说起哈尔滨的爵士乐史，不能不提及兴起于哈尔滨、闻名于上海，在苏联名垂史册的隆德斯特列姆爵士乐队。2000 年，俄罗斯《吉尼斯世界纪录大全》编辑者拟寻找当时历史最悠久的爵士乐队纪录。他们运用了一切手段，绞尽脑汁，寻访了欧美许多国家，最终却在本土找到了一支 65 年从未间断演艺活动的爵士乐队。它的领导者就是奥列格·隆德斯特列姆。这位德高望重、精神矍铄的老人那年已经 84 岁高龄。他是俄罗斯人民演员、圣马力诺国际科学院博士。使人们尤为感兴趣的是，奥列格·隆德斯特列姆是“哈尔滨人”！

▲奥列格·隆德斯特列姆

奥列格·隆德斯特列姆 1916 年 4 月 2 日生于俄国赤塔，5 岁便随父母来到了哈尔滨，就读于中东铁路商务学堂。该学堂建筑精美，设施精良，师资一流，有自己的铜管乐队、交响乐队、合唱队，都是由著名作曲家、音乐教育家马申和拉伊斯基组织的。后来闻名遐迩的哈尔滨第一音乐学校也设在这里，很多知名的钢琴家、小提琴家都在这里任教。得天独厚的艺术氛围使奥列格和他的弟弟伊戈尔从小就受到良好的音乐熏陶。经拉伊斯基介绍，小哥俩开始向著名的小提琴家希费尔布拉特学习小提琴。希费尔布拉特早年曾为格鲁吉亚国立歌剧院首席小提琴，后到彼得堡深造，是奥尔大师的学生，后成为闻名于世的德国梅克伦堡弦乐四重奏组的成员。1925 年希费尔布拉特东渡日本后，奥列格又师从克尼希，而伊戈尔改学了钢琴。

1932 年，奥列格中学毕业，考入哈尔滨工业大学校，业余时间在哈尔滨音乐专科学校继续学琴。一天，奥列格和同学们到同发隆百货商店选购唱片，意外地发现了美国艾林顿、阿姆斯特朗等名家创作演奏的爵士乐唱片，立刻被那饱满和谐的和弦、哀婉动人的旋律、轻松诙谐的节奏所吸引。于是，志趣相投的年轻人开始痴迷于演奏爵士乐。1934 年，由奥列格、伊戈尔和小伙伴们组成的隆德斯特列姆爵士乐队应邀参加了哈尔滨基督教青年会中学举办的“玫瑰舞会”，以《秋之梦》《谁偷了虎皮》等布鲁斯、华尔兹、探戈舞曲赢得了一阵又一阵的喝彩声，从而一鸣惊人，开始了他们的艺术生涯。1935 年，他们离开哈尔滨，去青岛、上海闯荡。在上海，隆德斯特列姆爵士乐队以其饱满的热情、勤奋的工作和精彩的演技在“百乐门”占有了一席之地。随着声名的扩大，“百乐门”大楼霓虹灯开始闪烁着英文“奥列格·隆德斯特列姆及其爵士乐队”的大幅广告招牌。

▲ 隆德斯特列姆爵士乐队

1947年，奥列格·隆德斯特列姆及其爵士乐队回到了阔别多年的祖国。为了深造，奥列格·隆德斯特列姆进入喀山音乐学院学习作曲和交响乐指挥，同时不间断地带领着自己的爵士乐队进行巡回演出。1994年夏，奥列格·隆德斯特列姆携其爵士乐队访问了中国，重返上海、青岛进行巡回演出，所到之处受到热烈欢迎。如今，奥列格·隆德斯特列姆已经离开多年，但已经被联合国授予"音乐之城"称号的哈尔滨没有忘记他的贡献。

当年，哈尔滨工业大学、马迭尔影剧院、凡塔基娅夜总会等都有自己的爵士乐队，各具特色，各领风骚，唯有美国饭店的辛格尔爵士乐队是以其传奇的经历而遐迩闻名，以哈尔滨救助二战期间德奥犹太难民音乐家的故事而被载入史册。

维里莫施·辛格尔是奥地利著名钢琴家、指挥家，由他领导的爵士乐队在维也纳、布达佩斯、柏林等地音乐界享有盛誉。欧洲爆发大规模排犹风潮后，辛格尔爵士乐队避难于哈尔滨。

1938年，辛格尔爵士乐队乐手及其家属共19人乘船从意大利出发，驶往上海，后辗转来到哈尔滨。在哈尔滨，乐队与甘布里努斯西餐厅签订驻场演出协议，家属也得到了妥善安置。后来查明，甘布里努斯西餐厅即美国饭店，也曾译称"美国巴拉饭店"，初位于中国大街（现中央大街）40号，后迁马街（现东风街）16号。

▲ 马迭尔影剧院爵士乐队

▲ 辛格尔爵士乐队

乐队钢琴手是队长维里莫施·辛格尔，小提琴手艾力坎·卡尔－格尔贝尔特、大提琴手甘斯·科普干、吉他手戈尔曼·拉特高兹、萨克斯手罗塔尔·西门瑙艾尔、单簧管吹奏库尔特·格里德施密特、手风琴手京特·普列伊思、爵士鼓手贝尔纳德·拉特高兹，配置齐全，个个非等闲之辈。

丰富多彩的西方歌剧艺术

20 世纪初至 20 年代末，哈尔滨的城市建筑业得到了快速的发展，马迭尔影剧院、中东铁路俱乐部花园露天舞台、哈尔滨商务俱乐部等一批现代化的剧场在哈尔滨建成，为哈尔滨的交响音乐、歌剧、芭蕾舞剧以及大型的合唱演出提供了与之相应的演出场所。

20 世纪上半叶，欧洲出现了一系列的社会动荡。来自俄国、德国、意大利等国的许多歌剧艺术家来到了哈尔滨。1918 年哈尔滨上演了法国作曲家古诺的歌剧《罗密欧与朱丽叶》，随后,《火祭》《波兰之血》《国王行乐》《卢森堡伯爵》《激情高潮》《符合道德的人》《茨冈之恋》等欧洲著名歌剧在哈尔滨上演。著名歌剧表演艺术家、歌唱家拉宾斯基、克拉芙琴科、莫茹辛、舍维廖夫、索比诺夫、列梅舍夫、莉吉娅·丽普科夫斯卡娅、维尔金斯基，特别是世界著名的男低音歌唱家夏里亚宾都曾在哈尔滨驻足表演，并以到哈尔滨开音乐会为荣。当时先后来到哈尔滨的还有欧洲的若干个轻歌剧团，其中有些演员痴迷于哈尔滨的音乐氛围，就留在了哈尔滨生活和工作。

20 世纪 20 年代末，美国维克多唱片公司在哈尔滨录制了《茶花女》《塞维勒的理发师》《费加罗的婚礼》《拉克美》《魔鬼》《沙皇的新娘》《伊万·苏萨宁》《卡门》《浮士德》《鲍里斯·戈东诺夫》《阿伊达》《游吟诗人》《叶甫盖尼·奥涅金》《黑桃皇后》《汤豪塞》《蝴蝶夫人》《乡村骑士》《托斯卡》《萨尔丹沙皇的故事》《雪姑娘》《霍夫曼的故事》等歌剧唱片，歌剧音乐伴奏由中东铁路俱乐部交响乐团担任。

◀
著名男低音歌唱家雅·斯·卢金1920年在哈尔滨主演了歌剧《鲍里斯·戈东诺夫》《叶甫盖尼·奥涅金》

▶
阿恰伊尔－多布罗特沃尔斯卡娅在歌剧《叶甫盖尼·奥涅金》中扮演塔吉雅娜

▲ 1921年，著名女演员吉·姆·马莫诺娃在哈尔滨演出歌剧

▲ 1911年俄国皇家剧院来哈尔滨巡演

▲ 俄侨艺术家在哈尔滨演出歌剧《美人鱼》

▲ 俄侨艺术家在哈尔滨演出歌剧《蝴蝶夫人》

成熟发达的俄侨音乐教育

中国西洋音乐教育始于哈尔滨。早在1921年，哈尔滨第一音乐学校已经创办，1925年又开办了格拉祖诺夫高等音乐学校，1927年又成立了哈尔滨音乐训练班。此后，1929年还创办了哈尔滨音乐专科学校，1947年设立哈尔滨苏联高等音乐学校。之后，哈尔滨的俄侨越来越多，许多学校陆续开办起来，而音乐自然成为教育的重要内容。20世纪30年代，在俄侨开办的音乐学校中，更多的中国学生接受了正规系统的音乐教育，一大批音乐人才得到培养并迅速成长起来。

哈尔滨第一音乐学校是一所高等专业音乐学校，创办人是马申、达夫基利泽、普洛特尼茨卡娅和德鲁任尼娜。1921年校内建立了艺术委员会，主席是卡尔波娃，副主席是赞杰尔－日托娃。

卡尔波娃和赞杰尔－日托娃两人是钢琴家，卡尔波娃毕业于圣彼得堡音乐学院钢琴系，曾获“自由艺术家”称号。秘书长由钢琴家、竖琴家德鲁任尼娜担任，德鲁任尼娜毕业于基辅音乐学院。教师队伍中还有一些非常优秀的小提琴、大提琴、钢琴、长笛、室内乐、音乐理论、歌剧表演、形体表演等专业教师。室内乐教师是特拉赫金贝尔格，他是圣彼得堡音乐学院的高才生，在哈尔滨生活多年，曾在哈尔滨培养出大批音乐人才。1938年，新一届艺术委员会主席由特拉赫金贝尔格担任，校长由钢琴家格尔施戈琳娜担任。这位女钢琴教育家毕业于巴黎和米兰的音乐学校，在意大利举办的国际钢琴比赛中，荣获“钢琴大师”称号。

▲ 哈尔滨第一音乐学校艺术委员会，其中有很多人师出名门

▲ 马申

▲ 特拉赫金贝尔格

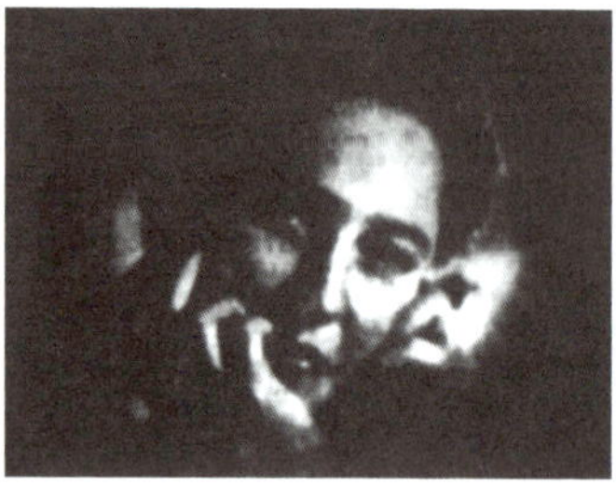

▲ 格尔施戈琳娜

哈尔滨第一音乐学校从1921年创办至1947年解体，截至1942年统计，20年间该学校共培养了3000多名学生。

1925年7月，格拉祖诺夫高等音乐学校成立。学校是以圣彼得堡音乐学院院长格拉祖诺夫的名字命名的，创办人是小提琴家戈里德施京及其夫人钢琴家迪龙。学校按照圣彼得堡音乐学院教学大纲授课，拥有一批高素质的音乐教育人才，任课教师中有许多人是非常著名的音乐家。

◀ 格拉祖诺夫高等音乐学校

小提琴家戈里德施京及其夫人钢琴家迪龙

1947年3月，在哈尔滨第一音乐学校的基础上成立了一所新的音乐学校——哈尔滨苏联高等音乐学校。校长由特拉赫金贝尔格担任，其继任者是著名的钢琴教育家奥克萨科夫斯基和小提琴教育家希多罗夫。1956年该校关闭，其中一些音乐教师继续留在哈尔滨从事音乐教学活动。哈尔滨苏联高等音乐学校曾培养出一批优秀的中国学生，其中包括中国当代著名作曲家张丕基（歌曲《夕阳红》《乡恋》曲作者），当年在该校跟随希多罗夫学习小提琴，后考入上海音乐学院作曲专业。

哈尔滨苏联高等音乐学校

这些音乐学校师资素质高，且重视艺术实践。这些优秀的教师凭借出色的技艺和诲人不倦的精神，向哈尔滨人民介绍了肖邦、巴赫、贝多芬、柴可夫斯基……使当时的人们了解了交响乐、奏鸣曲和幻想曲等丰富的艺术形式，并培养了大批优秀的音乐人才。

应运而生的音乐厅与乐器店

20 世纪初至 20 年代末，哈尔滨兴建了一批俱乐部、音乐厅、电影院和花园露天舞台。哈尔滨的艺术团体和外来艺术家们的演出，几乎都是在这些场所进行的。中东铁路俱乐部曾是哈尔滨俄侨上层社会活动的主要场所，也是哈尔滨交响乐、歌剧、芭蕾舞和室内乐演出的重要场地。俱乐部建筑设计壮观，内部装修豪华。在剧场后边还有一个很大的花园，露天剧场（贝壳舞台）就坐落在花园之中。这个舞台的最大特点是有扩音功能，所以演员在舞台上无须使用麦克风，观众就可听到其清晰的演唱。每当夏季来临，这里经常举办交响音乐会。

中东铁路哈尔滨总工厂俱乐部（后为哈尔滨车辆厂文化宫）始建于 1901 年，是一座典型的俄罗斯传统风格建筑。这座建筑内有电动旋转舞台，这种设计为舞台更换场景提供了便利，节省了时间，瞬间的转换可造成强烈的戏剧效果。这种设计当时在国际上也是属于最先进的。当年这里主要上演歌剧及各类音乐会。除此之外，哈尔滨经常演出音乐会的场所还有商务俱乐部、秋林俱乐部、马迭尔影剧院、美国电影院、亚细亚电影院、游艇俱乐部等。1931 年，九一八事变发生之后，哈尔滨的艺术场所建设陷入停滞阶段。

▲ 捷克坦斯电影院

▲ 游艇俱乐部

20 世纪上半叶，音乐活动在哈尔滨不断增多，使这座城市一度成为东亚地区音乐文化最活跃的城市。丰富的音乐活动和发达的音乐教育对音乐器材产生了大量需求，因此在这一时期，哈尔滨出现了好几家比较著名的乐器和乐谱商店，主要有位于中国大街（今中央大街）的康吉莲娜乐器店、里拉乐器店，还有德国乐谱店等。1927年开办的“塔伊洛夫乐谱仓库”是世界各国著名的乐谱出版社在哈尔滨的代理，乐谱种类齐全，这里有来自欧美各国的歌剧、交响乐、室内乐、器乐独奏的总谱和分谱。

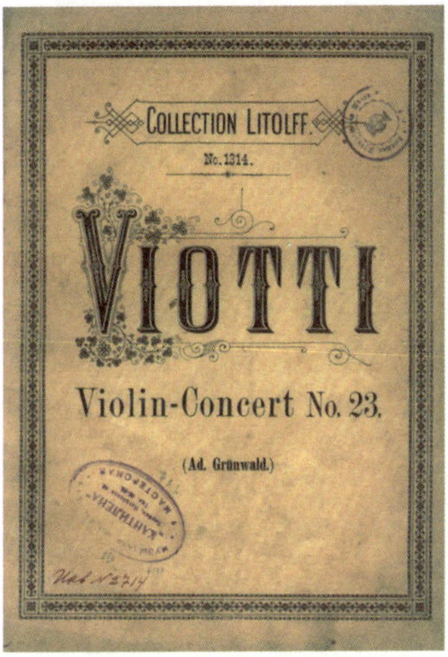

▲ 康吉莲娜乐器店的乐谱

▲ 里拉乐器店唱片封套

▲ 里拉乐器店室内摆放着各种乐器

▲ 里拉乐器店

20世纪20年代后期，哈尔滨有了自己的乐谱出版社，例如扎伊策夫出版社。该社出版了哈尔滨俄侨作曲家图特科夫斯基的作品。新中国成立以后，中央乐团、中央芭蕾舞团、中央音乐学院、上海音乐学院、沈阳音乐学院等专业院团，以及国内的一些音乐名家，都曾来过哈尔滨购买乐器。在哈尔滨音乐博物馆的西方乐器展区中，不乏哈尔滨外侨遗存的钢琴、弦乐、铜管等名贵乐器。这些乐器作为历史的见证，向人们讲述着这座城市曾经发生的音乐故事。

МОДЕР

哈尔滨音乐文化
逐步走向成熟阶段

传统与多元音乐文化的交相辉映

哈尔滨，这座传统与现代文化交织融合的城市，宛如一颗璀璨的明珠，闪耀在中国的东北边陲。它不仅是中外音乐文化交流的重要窗口，更是无数音乐人才与音乐组织的摇篮。在特殊时期，音乐不仅是艺术的表达，更是反抗外来侵略、传播爱国思想的重要载体，是一部充满激情与抗争、融合与创新的历史诗篇。

▲ 20 世纪 20 年代，哈尔滨已成为东方贸易中心、国际名城

瞿秋白与《国际歌》

1920 年 10 月 20 日，夜色已浓，已是晚上八九点钟，一辆从中东铁路南线开来的列车，喘着粗气，鸣着汽笛，徐徐驶入了中东铁路枢纽站哈尔滨火车站，疲惫的旅客纷纷下车向出站口走去。瞿秋白无暇欣赏哈尔滨火车站那新艺术风格的建筑，立即乘车向他们即将居住的旅馆驶去。此次瞿秋白到哈尔滨，主要目的是去苏俄，他是受北京《晨报》的委派，以北京《晨报》特派记者的身份到苏俄去采访，此时他只有 21 岁。瞿秋白下了火车之后得到的消息是因战争阻隔，满洲里至赤塔一带铁路遭到破坏，火车停运。于是，瞿秋白一行人来到了福顺栈。这是一家很普通的小旅店，因为离火车站比较近，他们就住下了。本是匆匆过客，却由于火

车意外不通，瞿秋白只能在哈尔滨等待，这一等就是 50 多天。瞿秋白在哈尔滨期间就已经开始履行特派记者的使命，进行社会调查，了解当时的社会。在哈尔滨的 50 多天里，瞿秋白共发出 13 篇报道，其中 9 篇自己撰写，4 篇与人合作。

▲ 哈尔滨火车站

▲ 瞿秋白曾到中东铁路总工厂进行过调查

哈尔滨之行带给瞿秋白许多新鲜体验，尤其难忘的是第一次听到《国际歌》。受一位俄国友人之邀，他参加了俄国人在哈尔滨举办的庆祝十月革命胜利三周年大会。那天的大会得到了中国警察厅的许可，会场里非常拥挤，进去都很困难。瞿秋白和俄国友人一道与会长商量，在演讲台上坐下。他在《饿乡纪程》记述了参加这次活动的见闻。他生动地描述道："十一月七日是彼得城发生世界上第一次无产阶级革命的日子（俄国向用希腊历，比西历迟十三天，十一月七日乃俄历十月二十五日，所以谓之'十月革命'）……看坛下挤满了的人，宣布开会时大家都高呼'万岁'，哄然起立唱《国际歌》（International），声调雄壮得很。——这是我第一次听见《国际歌》。"

▲ 当年瞿秋白所参加的庆祝俄国十月革命胜利三周年大会所在地，现经纬头道街

1923年6月15日，《新青年》季刊第一期发表了主编瞿秋白翻译的《国际歌》。此后，这首《国际歌》在中国广泛流传，成为无产阶级的战歌。

翻译时，为了使《国际歌》的歌词中国化，瞿秋白参考了俄文、英文、法文等文本，逐字逐句推敲，力求准确。特别是在翻译"国际"一词时，瞿秋白直接改用音译，写成"英德纳雄纳尔"（后译为"英特纳雄耐尔"），不仅顺口易唱，更是传达了全世界无产者唱起来同声相应、情意交融的意念。尽管肤色不同，语言不同，中国的劳苦大众却与世界异口同声，遥相互呼应。1924年5月5日，上海大学举办马克思诞辰106周年纪念会，瞿秋白与任弼时一起高唱《国际歌》，随后大家放声高唱。1935年6月18日，在福建长汀，年仅36岁的瞿秋白最后一次唱着自己翻译的《国际歌》，走向刑场，英勇就义。

《国际歌》传入中国的百年间，曾被翻译出很多版本，但瞿秋白留下的“英特纳雄耐尔”译法沿用至今，它所代表的共产主义理想，经久铭刻在《国际歌》中文版的歌词之上，也永远铭刻在中国共产党人的心上。

▲ 1923年，《新青年》季刊第一期在广州出版，瞿秋白翻译的《国际歌》在此刊首次发表

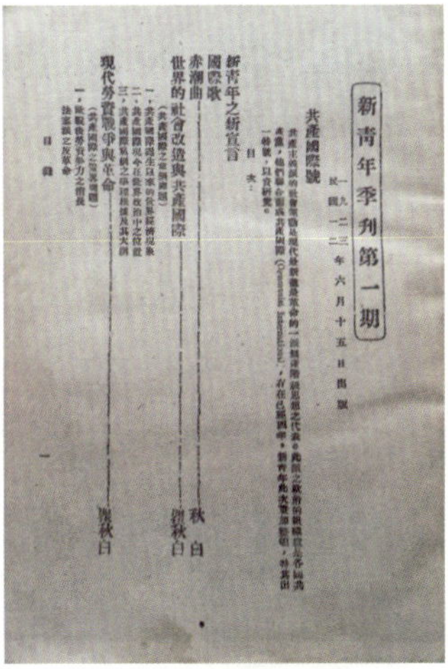

新青年季刊第一期

一九二三年六月十五日出版

共產國際號

目次：

新青年之新宣言

國際歌 …… 秋白

赤潮曲 …… 秋白

世界的社會改造與共產國際 …… 瞿秋白

一、共產國際發生以來的世界經濟現象

二、共產國際現今在世界政治中之位置

三、共產國際綱領之原理根據及其大綱

現代勞資戰爭與革命 …… 瞿秋白

一、歐戰後勞資勢力之消長

目錄 一

▲《新青年》季刊第一期目录

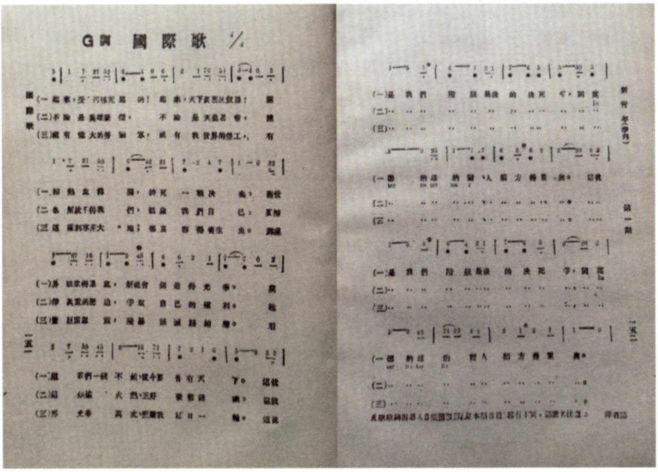

▲ 由瞿秋白翻译的《国际歌》第一版

王洛宾在哈尔滨发表处女作

1929 年，哈尔滨正在排演一部名为《北归》的话剧，该剧描写了一位青年人坎坷的情感经历以及对爱情的忠贞不渝。编剧和主要演员为同一位年轻人——塞克。为这部话剧编创主题曲《离情别意》的是年仅 16 岁的王洛宾，这也是王洛宾的处女作。

王洛宾 1913 年出生于北京。童年时代受家庭影响学习民族乐器并参加教会唱诗班。1926 年，王洛宾来到哈尔滨探亲（姐姐嫁到了哈尔滨，姐夫当时在中东铁路管理局工作），王洛宾在哈尔滨住在姐姐家，与邻居塞克

▲ 1929 年，身着铁路服的王洛宾（右）

▲《离情别意》曲谱

▲ 王洛宾晚年照，李江树拍摄并供图

结识并在一起研习音乐。后经姐夫介绍在中东铁路横道河子火车站工作。1934 年王洛宾毕业于北平师范大学音乐系，1937 年七七事变后，参加西北战地服务团、抗战剧团、血花剧团等，从事抗战音乐工作。1949 年参加中国人民解放军，随部队进入新疆。经其收集、整理、创作的《在那遥远的地方》《达坂城的姑娘》《青春舞曲》《掀起你的盖头来》《阿拉木汗》《半个月亮爬上来》《花儿与少年》《玛依拉》《在银色的月光下》等百余首西部歌曲流传广泛，被誉为“西部歌王”。

白鸥弦组与哈尔滨音乐史上第一部著作《弦之楼集》

20 世纪 30 年代的哈尔滨，音乐文化呈现出多元发展的态势。在这样的背景下，“白鸥弦组”应运而生。他们以小型音乐会为起点，将西洋音乐与本土音乐巧妙融合，为哈尔滨的音乐文化注入了新的活力。由任国治与刘性诚（刘忠）合著的《弦之楼集》不仅是哈尔滨音乐史上第一部系统记录音乐发展的著作，更是音乐实践走向理论化的重要标志。书中详细记录了东北音乐文化的发展历程，总结了音乐创作与演出的实践经验，为后世音乐研究提供了宝贵的资料。《弦之楼集》的出版，如同一座灯塔，照亮了哈尔滨音乐文化的发展方向，也为中国音乐理论的建设奠定了坚实的基础。

20 世纪二三十年代，当俄侨的交响乐与关内移民的民歌哼唱遍及哈尔滨城市街头角落之时，“白鸥弦组”的出现，犹如一股清流在青年中波及开来。

▲任白鸥（任国治）

“白鸥弦组”是以哈埠青年任国治与陈凝秋（塞克）为发起人成立的音乐组织，最初只是几个音乐爱好者的聚集，后来逐渐发展成为具有一定影响力的民间音乐团体。这个组合从在哈尔滨青年会举办小型音乐会开始，慢慢发展到在学校等地进行演奏，多部作品给观众留下深刻印象。“白鸥弦组”初期的演出，虽然社会效果不是十分明显，但作为以弦乐器为主的国人音乐演出，给当时的青年人尤其是学生留下了深刻印象。

▲ 任白鸥（后排高出者）和白鸥弦组

任国治与陈凝秋都爱好音乐，因此逐渐成为好友，并召集同好青年组建乐队。1926 年，由于陈凝秋被捕，加上任国治考入哈尔滨医科专门学校学习，“白鸥弦组”逐渐减少了社会演出。在“白鸥弦组”淡出公众视线的时候，任国治将青年队友的聚散形容为“正像海上的白鸥般飞集在一起，同飞，同浴，自由而活泼，忽然海上起了波涛，狂风暴雨骤然发作，一刹那间，就都飞散了，现生只剩我一个人，仍羁留在这里！听山中的松风鸟语，看看眼前清秋的景色，伴着凄凉的虫歌”。多年后，陈凝秋再次来到哈尔滨寻找任国治，在印证了他们之间深厚友谊的同时，可能也是他对于“白鸥弦组”的一种怀念吧！

由于对音乐的痴迷与追求，任国治的家逐渐成为音乐青年聚会与演奏的场所。此时，任国治对外改称任白鸥，其住所由于经常进行弹唱演奏，被喻为“弦之楼”。后来，“弦之楼”的主人任白鸥在友人的帮助下，再次重组“白鸥弦组”，并多次进行演出，效果颇佳，好评不断。

一天不上弦之楼，便觉生活无味，这是任白鸥好友崔汗青先生的赞誉。此时，刘性诚的加入使“弦之楼”再添光彩。刘性诚毕业于哈尔滨俄侨音乐传习所，主修声乐，兼习音乐理论等学科。后应聘来到东省特别区第一中学教授音乐课。在“白鸥弦组”早期社会演出之时，刘性诚就对任白鸥及其弦乐队有所关注。由于刘性诚主歌唱，而任白鸥善弦乐，他们逐渐熟识后，二人互为琴瑟，一拍一歌好不快意，且二人对于哈埠音乐发展状况观点相同，尤其反对靡靡之音。所以，刘性诚成为“弦之楼”的主将。

他们二人虽师从俄侨音乐家，但均根植于民族音乐。刘性诚曾将柳永的《雨霖铃》、李清照的《菩萨蛮》、李煜的《虞美人》等谱曲并进行演唱。后来，刘性诚参加伪满“哈尔滨中央放送局”组织的合唱团，在电台播放个人歌曲，并邀请“白鸥弦组”为其配乐。他经常引用古人的词句，例如“箫声咽，秦娥梦断秦楼月。秦楼月，年年柳色，灞陵伤别。乐游原上清秋节，咸阳古道音尘绝……”为了能利用弦乐器演奏，他们将乐谱进行再次调整，有利于“白鸥弦组”更好地表演。当时，一些在电台播放的歌曲，虽然有洪亮的嗓音、激昂的情绪、整齐的配乐，但带给听众更多的却是凄凉和哀鸣。1932 年 2 月，哈尔滨沦陷，音乐人也只能通过歌声表达出个人悲愤的情感。1935 年 4 月，哈尔滨口琴社成立，邀请刘性诚与任白鸥担任艺术顾问。

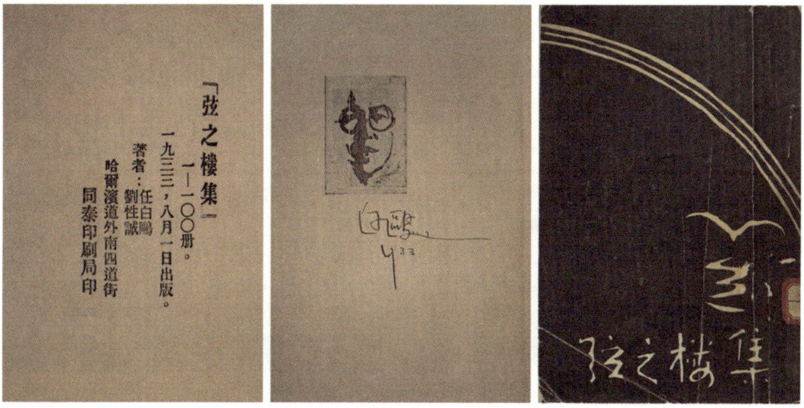

▲《弦之楼集》书影，任白鸥亲笔签名，胡继东收藏并供图

任白鸥与刘性诚在哈尔滨早期音乐实践方面的成就，可谓不言而喻，且他们带动了一批新进爱好者成立民间音乐社团。尤其需要指出的是，他们在音乐理论研究方面做出了突出贡献。1933 年 8 月，二人合著的《弦之楼集》出版。任白鸥在该书结语中写道：“只有一点愿望。愿望的是未来及现在的学音乐的人们，能借这个集子，知道近二十年来东北音乐变化的情形的一斑。”该书是哈尔滨开埠以来，系统记录哈尔滨音乐发展的开山之作。

众所周知，哈尔滨开埠以来的音乐主要以俄侨传入的西洋音乐为源头，而地方性的民族音乐在 20 世纪初的 30 年中发展缓慢。相关的文献资料多见于报纸与杂志，鲜少成集。《弦之楼集》的出版在当时亦为小众之读物，但在哈尔滨音乐史上的地位举足轻重。从历史的语境中去看此书，音乐人身处家乡沦陷之中，百感苦闷之时，能够不遗余力地挣扎奋斗，确实让后辈为之敬仰。

以乐曲反抗侵略者——哈尔滨口琴社

20 世纪 30 年代的哈尔滨，正处于日伪统治的黑暗时期。然而，就在这样的环境下，一群热血青年用音乐发出了反抗的呐喊。1935 年，哈尔滨口琴社成立，创办人是袁亚成和他的妻子陈涓。其创办之初就得到了金剑啸、姜椿芳、侯小古等人的支持，还邀请了哈尔滨的音乐家任白鸥、叶长春、刘性诚为顾问，聚集了全市众多进步的文艺青年。他们以传播口琴技法为掩护，将爱国思想融入音乐之中，用旋律唤醒民众的民族意识。

▲ 姜椿芳

▲ 金剑啸

▲ 侯小古

▲ 刘性诚

▲ 袁亚成

1935年8月，哈尔滨口琴社成立了由第一批毕业学员组成的口琴队，利用业余时间进行排练，准备时机成熟正式演出。金剑啸、姜椿芳为教育广大的青年人，联络、团结更多的文化艺术界人士，利用这一宝贵的机会和难得的阵地，对学员进行抗日宣传，帮助袁亚成把口琴社办成了进步的爱国文艺团体。

▲ 1935年哈尔滨口琴社全体成员合影

1935年秋，哈尔滨口琴社开始组织口琴队对外演出，锻炼了队伍，扩大了影响，逐渐有了些名气，不久便应邀到哈尔滨放送局演播口琴曲。口琴社演奏了《沈阳月》《轻骑兵》《快乐的铜匠》等曲目。《沈阳月》是一首思想性、战斗性很强的大型口琴协奏曲。此曲原名为《战场月》，但考虑曲名太引人注目，所以演奏时改成《沈阳月》。曲目描述了1931年9月18日，日本侵略军在沈阳进攻北大营时，爱国官兵奋起抵抗的情形以及之后被强令撤退的悲愤心情。曲调如泣如诉，婉转悲壮，“给人一种和平、安宁的感觉。突然，乐曲声调发生了变化。有如暴风骤雨袭来，阴惨可怖，人们仿佛看到了日军屠杀中国人民的残暴；继而又如冷泉在幽谷中呜咽，时而有如闷雷在空中滚动，时而又如壮士面对易水而悲歌……”这首口琴协奏曲让人们沉思沦亡的痛楚，激起对日寇的仇恨和对家国的热爱，在潜移默化中唤醒人们的反抗意识。由于当时的电台已被日伪控制，但他们不了解这些，对此并未察觉，所以这样悲壮的乐曲、这种民族的强音才得以在敌人统治下的电台播放。

▲ 道里西四道街哈尔滨口琴社旧址

1935 年 12 月底，哈尔滨口琴社在巴拉斯电影院举行第一次口琴音乐大会。现场演出了施特劳斯的圆舞曲、舒伯特的《小夜曲》，有独奏、二重奏、三重奏等口琴表演形式，展示了娴熟的演奏技巧。最后，口琴社在袁亚成的指挥下表演了《沈阳月》。1936 年 10 月 17 日、18 日，哈尔滨口琴社在巴拉斯电影院举行了第二次口琴音乐大会。音乐会演奏了聂耳的《大路歌》《开路先锋》，外国乐曲《伏尔加船夫曲》《快乐的铜匠》，歌剧《茶花女》选曲等，还有中国民乐《汉宫秋月》等。

后来，哈尔滨口琴社的音乐活动引起了日本特务机关的注意。1937 年 4 月，哈尔滨的日伪特务机关对口琴社进行镇压和搜捕。除了 1936 年离开哈尔滨去上海的袁亚成和陈涓以及少数几个人，大部分的口琴社成员都被捕了。敌人对他们进行了严刑拷打，大家没有屈服，口琴社演出队队长、共产党员侯小谷被敌人杀害。几个月后，大多数人因证据不足被释放。哈尔滨口琴社不仅为哈尔滨音乐史增添了光辉的一页，更反映出了哈尔滨人民在艰苦的环境下不屈而顽强的抗争精神。

▲ 哈尔滨口琴社演出队合影

▲ 哈尔滨口琴社演出场地——巴拉斯电影院

▲ 哈尔滨口琴社演出节目单

▲ 哈尔滨口琴社招生海报

俄侨的音乐盛典——夏里亚宾来哈尔滨

夏里亚宾是俄国男低音歌唱家，被誉为“世界低音之王”。他是一位具有独创精神的艺术家，将表演与人物、语言和歌唱高度融合，嗓音洪亮，音域宽广，表演极富表现力和感染力。除了在歌剧领域有突出的表现，夏里亚宾在其他领域也有杰出的贡献，他主演过电影《可怕的沙皇伊凡》和《堂吉诃德》，录有近 200 张唱片，还出版过两部著作《我生活的篇章》和《人与面具》。

▲ 夏里亚宾

费多尔·伊万诺维奇·夏里亚宾，1873 年出生在俄国喀山的一个农民家庭，他天生一副动听的歌喉。在加入专业团体之前，夏里亚宾并未受过正规音乐教育，后在第比利斯向声乐专家乌萨托夫学习声乐，在学习意大利美声唱法的同时，也学习俄罗斯歌曲的演唱方法。1894 年，夏里亚宾登上圣彼得堡马林斯基剧院的舞台演唱，后又加入莫斯科马蒙托夫歌剧团，1899 年进入莫斯科大剧院。1901 年，夏里亚宾赴意大利米兰演出。1907 年，夏里亚宾登上美国纽约大都会歌剧院的舞台。在此期间，夏里亚宾扮演了苏萨宁、鲍里斯·戈东诺夫、伊凡四世、靡非斯特等角色，享誉国际。1918 年，他从英国回彼得格勒玛利亚剧院任艺术指导，并经常登台演出。

1936 年 3 月中旬，夏里亚宾来到哈尔滨。他是从日本到上海，又从上海乘船到大连，之后来到哈尔滨。夏里亚宾到来之后，全城沸腾，尤其是俄侨，像迎接一个盛大的节日一样。当时，夏里亚宾住在中央大街的马迭尔旅馆，这里距离他演出的美国电影院（后称大光明电影院、东北电影院，现已无存）很近，他散步时去看过这个电影院的剧场，并表示满意。夏里亚宾在哈尔滨举办了三场独唱音乐会，成为当时哈尔滨的音乐盛会。在音乐会上，他演唱了《伏尔加船夫曲》《波斯恋歌》《海港之夜》《晚钟》等曲目，以及世界著名歌曲中的咏叹调，倾倒了无数的哈尔滨歌迷。当年哈尔滨的不少商店悬挂着他的照片，大街小巷都回荡着夏里亚宾的歌声。

▲ 美国电影院剧场内部

到哈尔滨之后，已经63岁的夏里亚宾在3月16日举行首演，19日、20日又演了两场。在音乐会期间，哈尔滨的主要街道以及大小商店里到处张贴着夏里亚宾的招贴画。人们乘坐着马车赶往剧场，一路上马蹄声不绝于耳。在哈尔滨的日子里，夏里亚宾就像回到了祖国一样，哈尔滨令夏里亚宾激动不已。

1938年4月12日，夏里亚宾患败血症在巴黎去世。哈尔滨的俄侨和喜欢他歌唱的市民，为他举行了追悼仪式。夏里亚宾一生塑造了众多艺术形象，在观众的心中具有崇高的地位。在哈尔滨演出期间，他以其精湛的歌唱技艺、独特的表现力和感染力征服了观众，这一盛事也为哈尔滨的音乐发展史添上了浓墨重彩的一笔。

一度活跃的哈声乐团

20世纪三四十年代，在哈尔滨学习西洋乐器演奏技法的人逐渐增多，1941年，哈声乐团成立。至此，一个由中国人组成的轻音乐团在哈尔滨诞生了。

哈声乐团主要由哈尔滨的音乐爱好者组成，其宗旨是以此联系哈尔滨众多的音乐爱好者，演奏和推广一般百姓所喜闻乐见的轻音乐。乐团的演员有王玉书、王雪然、王昭麟等。乐团拥有较高的演奏和演唱水平，其中部分演员录有唱片。乐队有小提琴、萨克斯、长笛、短笛、小号、长号、单簧管、吉他、斑鸠琴、钢琴、手风琴、低音提琴和爵士鼓等。由此可见，在20世纪40年代初，欧洲音乐在哈尔滨的普及度已经足够建设一个较为完整的轻音乐团。乐团所演奏的曲目有《西班牙探戈》《蓝色的多瑙河》《春之声圆舞曲》《溜冰圆舞曲》《土耳其进行曲》等。王玉书的小号独奏《扬基·杜德尔》、王典的手风琴独奏《杜鹃圆舞曲》、高英的小提琴独奏《G弦上的咏叹调》等深受观众欢迎。

当时，哈声乐团经常到电台现场演播音乐节目，并且在哈尔滨的大光明电影院、马迭尔影剧院等大型剧院演出。乐团还经常与日本的歌舞团和哈尔滨的舞蹈队合作演出。后来因种种原因，哈声乐团一度停止演出活动。1945

年之后，乐团曾一度改建为“哈尔滨乐团”。1946 年 4 月哈尔滨解放前，乐团解散。

▲ 马迭尔影剧院

国人在学习欧洲经典音乐中崭露头角

哈尔滨音乐文化的发展，离不开外侨音乐家的贡献。20 世纪初，随着大量外侨的涌入，西洋音乐在这座城市迅速传播。外侨音乐家不仅带来了先进的音乐教育理念，还通过音乐会等形式推动了音乐文化的普及。他们的到来，为哈尔滨的音乐文化注入了新的活力，也培养了大批本土音乐人才。一大批小提琴、声乐、钢琴、大提琴等领域的专业音乐人才不断涌现，为中国音乐事业的发展奠定了坚实的基础。这些音乐人才如同璀璨的星辰，照亮了哈尔滨音乐文化的天空，也为中国音乐的未来播下了希望的种子。

20 世纪 30 年代末，在俄侨创办的音乐学校中，已经有中国学生进行系统的学习。苏联红军撤离哈尔滨前，哈尔滨第一音乐学校的教学仍然照常进行。学校音乐会上可以看到不少中国学生的身影，在演出节目单当中，已经有了中国人的名字。1946 年的一张节目单上显示：第二个出场的是中国学生张滨生，他演奏的是利赫涅尔的《在草地上》；第三个出场的也是中国学生，名叫梁莉，她演奏的是提耐的《圆舞曲》；第十四个出场的中国学生演奏的是贝多芬的《奏鸣曲》第一乐章。

著名的小提琴演奏家特拉赫金贝尔格借鉴西方音乐教育的经验，采用学院派的教学方法，帮助中国学生不断走向艺术巅峰。他的教学风格极富个性，具有奥尔学派的显著特点：通过系统化的练习曲和经典作品，循序渐进地提升学生的演奏技巧和音乐修养，同时充分尊重并发挥学生的艺术个性。在具体教学中，特拉赫金贝尔格并不对演奏细节做过多干预。这种看似宽松的教学方法，实则蕴含深刻的教育智慧，即避免机械化的技术纠错，而是以整体性的音乐思维引导学生，使他们在理解作品风格的基础上，自然流畅地完成演奏。这种教学理念不仅培养了学生的音乐感知力，更激发了他们的艺术创造力。特拉赫金贝尔格在哈尔滨工作和生活了多年，培养出的许多学生蜚声海外，其中包括傅庚辰、秋里、杨牧云、胡中之、汪云才、胡犁平、范圣宽、靳延平等优秀的音乐家。

▲ 特拉赫金贝尔格指导中国学生演奏小提琴

女高音歌唱家、歌剧表演艺术家阿恰伊尔－多布罗特沃尔斯卡娅毕业于著名音乐学院的钢琴系，曾任教于哈尔滨格拉祖诺夫高等音乐学校和哈尔滨苏联侨民高等音乐学校。她拥有高超的钢琴演奏技巧与深厚的音乐理论素养。她在教学中坚持亲自为学生伴奏，通过音乐本身传递情感内涵，往往无须过多语言点拨便能引导学生领悟艺术真谛。其严谨的教学理念与独特的声乐培养模式，为我国培养了多位杰出歌唱家，如著名歌唱家及声乐教育家郭颂、贺欣、刘凯等。

1938 年前后，郑曙星（曾任上海音乐学院钢琴系主任）就读于哈尔滨第一音乐学校，师从著名钢琴家、教育家格尔施戈琳娜。她回忆说，哈尔滨第一音乐学校的老师都来自俄国著名音乐院校，课程设置比较完善。格尔施戈琳娜有很高的音乐修养，采取科学化和规范化的教学方式授课。在老师的指导下，她开始接受正规的钢琴训练，选修了几门音乐理论课。她经常参加学校组织的音乐会，对钢琴艺术的兴趣越来越浓厚。学校里还有为数不多的日本、韩国学生，但大部分还是俄侨。

▲ 格尔施戈琳娜和她的学生

大提琴演奏家、教育家鲍斯特列姆以教学严谨著称，他选用德国版本教材。与现在按照固定顺序使用单一教材的教学方式不同，他根据学生的实际水平灵活选取教材中的特定章节施教，充分体现因材施教的理念。在教学中，他尤为注重大段落音乐的和谐完美，不计较个人得失，强调演奏者与乐器的自然融合。他的这种教学方法与特拉赫金贝尔格存在共通之处，这源于二人共同的学院派教育背景。至今，哈尔滨也仍延续着这一音乐教育传统。

在当代国内外音乐界，众多出自该体系的歌唱家、小提琴家、大提琴家、钢琴家及作曲家等依然保持着显著影响力。这一成就既得益于俄侨音乐教育家们严谨、规范、专业的早期音乐培养，更离不开他们对音乐艺术传承的执着坚守。

古风音乐会等其他音乐组织

1939 年，在哈尔滨第二中学音乐教师叶长春的支持和指导下，由王昭麒等几名同学组成了松江国乐社，之后在此基础上，成立了古风音乐会。古风音乐会是群众性的音乐团体，以振兴中华文化、发扬民族音乐为宗旨。该会设有会标，并印制了带有会标图案的谱纸和演出时所使用的谱台帘，谱台帘用金红色大绒布制成，正中绣有金黄色会标。

古风音乐会刚组建时，成员的水平普遍不高，叶长春和专业教师一边指导大家训练，一边与大家切磋，大家的技艺提高很快。那时缺少曲谱，所以成员只好在播放唱片的过程中记录下来，再分别整理成谱。这个过程耗时很长，共记录了 100 余首曲目。同时，在乐器演奏技巧上，古风音乐会进行了一些改革。如将高胡的演奏技法与小提琴演奏方法相结合，并探索小提琴的定弦方法，使其与其他民族乐器的定弦方法相统一。此外，为使高胡的音色更加明亮，将丝制子弦的外弦改为钢弦，在扬琴制作上，适当放大琴身尺寸来扩大音域，使这些乐器更好地表现出广东音乐、江南丝竹等传统民族音乐的韵味。有时候买不到合适的乐器，成员就自己动手制作。郭维垛是制作乐器的能工巧匠，他所制作的扬琴、琴笛和木琴等乐器，不仅供会内乐队使用，还在乐器店出售。

▲ 哈尔滨古风音乐会演出照

▲ 哈尔滨古风音乐会集体照

1939 年，古风音乐会通过集资，由哈尔滨大东书局出版了名为《春江花月夜》的国乐曲集，该书记录了该会收集编选的约 30 首乐曲。当时，古风音乐会演奏的曲目众多，但主要以广东音乐为主，如《昭君怨》《连环扣》《雨打芭蕉》《步步高》《解语花》《忘忧草》《孔雀开屏》等。还有江南丝竹乐，如《欢乐歌》《云庆》《梅花三弄》等。其他乐曲形式丰富，主要为以下几种：独奏曲如《齐破阵》等；合奏曲如《彩云追月》《花好月圆》《晚来香舞》等。此外，还有歌手演唱的曲目，如《五月的风》《天涯歌女》《四季歌》《金丝鸟》等。

1943 年，在大光明电影院，古风音乐会与熏风音乐会同台演出，该会活动达到高潮。古风音乐会由于在社会上有较大影响，引起日伪特务机关的注意。同年，成员王一韵被捕入狱。此后，古风音乐会被迫停止活动。

这段时间，除了古风音乐会之外，还有其他一些音乐团体进行活动。1934 年，白鸥弦乐团成立，由任白鸥、刘性诚、廖葆元、任国爱等人组成，主要是用吉他、手鼓等乐器演奏。主要演奏的曲目有《罗马钟声》《爱的悬念》等。1935 年，自娱雅乐社成立。最初由董雨田、王振琪等工人组成，他们在业余时间吹拉弹唱，后逐渐组成该团体进行演出活动。该社演奏的乐器有笛、高胡、二胡、四胡、中胡、扬琴、秦琴等，经常演出的曲目有《苏武牧羊》《梅花三弄》《凤求凰》等。后来，他们逐渐扩大了影响，又有姜玉林、朱祥等人加入，并且到电台演播节目，也参加喜庆活动。随着广东音乐在哈尔滨民间的兴起和普及，《平湖秋月》《雨打芭蕉》《步步高》等曲目成为经常性的演出节目。同时，他们还演唱京剧清唱和流行歌曲，在当时的哈尔滨颇有影响。

红色音乐文化在哈尔滨熠熠生辉

红色文化是哈尔滨最炽热的底色。在抗战年代，无数革命先烈在哈尔滨这片土地上留下了坚实而厚重的足迹，杨靖宇、赵尚志、赵一曼、李兆麟等革命先烈奋起反抗侵略者。同时，他们也用音乐唤起民众的爱国热情与抗争意志……哈尔滨是全国最早传播马克思主义的城市之一，也是全国最早解放的大城市。在全国解放战争中，哈尔滨这座东北地区的重要城市，不仅见证了军事斗争的激烈，而且迎来了文艺事业的空前繁荣。以鲁艺文艺工作者为核心的文化力量，如同春风化雨，为哈尔滨乃至整个东北地区带来了一场前所未有的文化盛宴，极大地激发了人民群众的斗志，有力地推动了全国解放的进程。

▲ 东北抗日联军密营遗址

抗日救亡歌曲的创作

我的家在东北松花江上，
那里有森林煤矿，
还有那满山遍野的大豆高粱。
……

每当听到这熟悉的旋律，人们心中不免燃起悲愤凄楚之情。抗日战争时期，一首《松花江上》流传广泛，影响巨大。词曲作者张寒晖为中共党员，当时受组织的派遣，在西安的东北军中从事抗日宣传工作。张寒晖出生于1902年，1925年考入国立北京艺术专科学校戏剧系，同年加入中国共产党，1930年加入中国左翼作家联盟。1936年，张寒晖在西安街头亲闻东北难民因九一八事变东北沦陷而家破人亡、流离失所的悲惨哭诉，心灵受到极大的震撼，一夜之间创作出《松花江上》这首歌曲。歌曲以悲愤凄楚的音调，控诉日本侵略者的罪行，表达了东北沦陷后流亡关内的人民收复故土的强烈愿望。歌曲一经问世，便迅速传唱全国，成为最具影响力的抗日救亡歌曲之一。

▲ 1936年，流亡在关内的东北难民

▲ 张寒晖，《松花江上》词曲作者

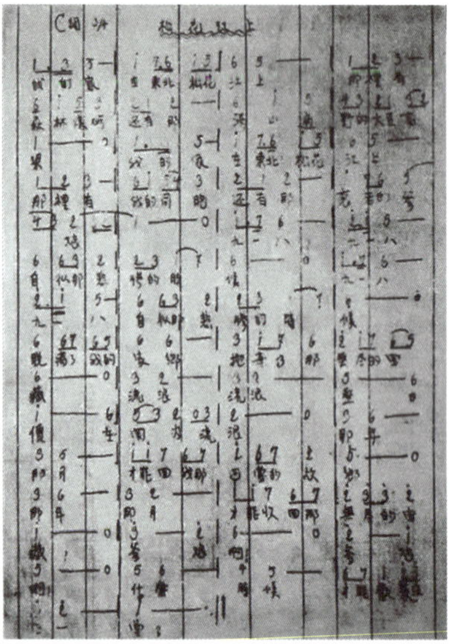

▲ 《松花江上》作者张寒晖手迹

松花江上

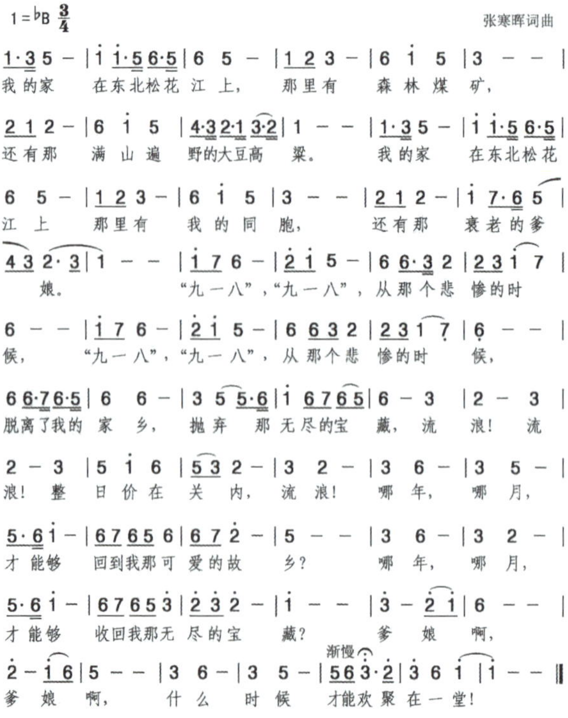

▲ 《松花江上》曲谱

1931 年九一八事变后，我党先后领导创建了 10 余支抗日游击队，开展游击战争。1933 年 5 月中旬，中共满洲省委决定组建东北人民革命军，并在上述抗日游击队的基础上，先后组建 6 个军。1936 年 2 月 20 日，东北人民革命军改称“东北抗日联军”，后发展到11个军。为了鼓舞战斗意志，进行文艺宣传，许多抗联领导人都亲自创作，如第一路军总指挥杨靖宇作词的《第一路军军歌》(韩仁和曲)、第二路军总指挥周保中用《打倒列强》填词的《民族革命歌》、第三路军总指挥李兆麟等人用古调《落花调》填词的《露营之歌》。抗击日本侵略者长达 14 年的艰苦战斗历程中传唱的抗联歌曲，是全国抗日救亡歌咏运动的重要组成部分。

从 1931 年九一八事变到 1945 年日本宣布投降，国内和国外华人创作了大量的抗战音乐作品，这些音乐作品以鲜明的时代特征反映了在中国共产党的领导下全民族英勇抗战的革命精神和战斗历程。《东北抗日联军歌曲选》的编撰者是东北抗联老战士李敏。在新中国成立后的二十多年的时间里，她在工作之余收集了几百首抗战歌曲，其中有战歌、军歌、挽歌，还有一些民间抗战歌曲。这些歌曲的作者有东北抗联的将士、延安鲁艺的师生、海外侨胞及国内各界爱国工农群众。在艰苦的武装斗争中，这些歌曲成为鼓舞士气、打击日寇的有力武器。

▲ 由李敏选编的《东北抗日联军歌曲选》

歌剧《白毛女》在哈尔滨成功演出

《白毛女》作为一部具有划时代意义的民族歌剧，在哈尔滨的舞台上绽放出了耀眼的光芒。该剧以其深刻的主题、精湛的表演和动人的音乐，吸引了无数观众的目光。《白毛女》的成功演出，不仅在于它在艺术上取得了卓越成就，更在于它深刻揭示了封建社会的黑暗与不公，揭露了旧社会把人“变成鬼”的残酷事实，激发了人民群众对封建势力的深切仇恨和对新生活的热爱。音乐在民歌和戏曲的基础上加以创造发展，与戏剧内容紧密结合，具有鲜明的时代特点和民族风格。

1946 年 6 月，来自延安的艺术家们为了广泛接触哈尔滨人民群众，不顾长途跋涉的艰辛，在很短的时间内复排了经典歌剧《白毛女》，喜儿一角由林白饰演，并有众多知名演员加盟。导演是张水华，指挥是向隅。这场演出在哈尔滨引起了巨大反响。应观众的强烈要求，1946 年 8 月，歌剧《白毛女》又连续演出多场。当时，《东北日报》的广告栏里醒目地刊登着现代民族歌剧《白毛女》的广告，演出地点是大光明电影院。这样大规模的民族歌剧演出在哈尔滨还是第一次。

▼ 大型歌剧《白毛女》演出剧照

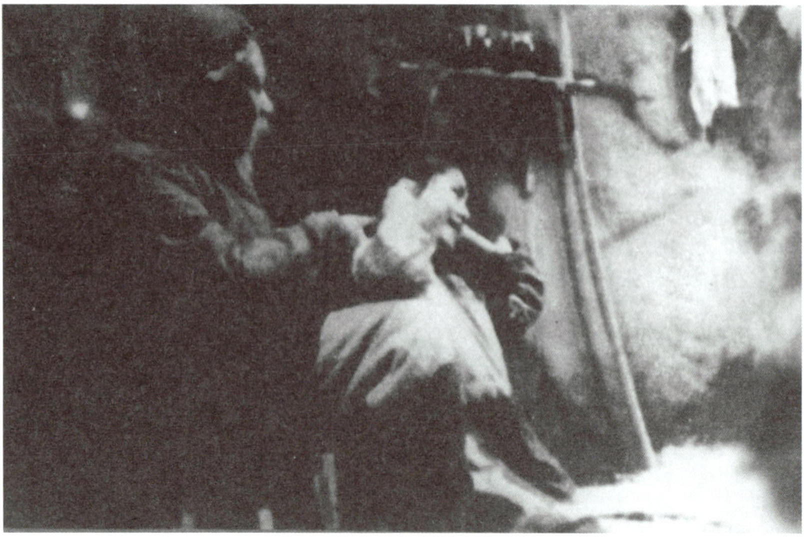

《白毛女》在哈尔滨大光明电影院的首演盛况空前，剧场座无虚席。在演出过程中，随着剧情起伏，观众时而低声啜泣，时而报以雷鸣般的掌声。歌剧《白毛女》的演出引发了强烈的社会反响，售票口每天中午不到12点即挂上“今日客满”的牌子，还有不少观众是从外地远道赶来的。当地报刊纷纷发表评论和观感文章。《东北日报》不断刊发文章进行推介，主创人员纷纷在报纸上发表文章谈感受，不少读者给《东北日报》写信，希望将《白毛女》的歌词印出来。

▲ 1946年，来自延安的艺术家们在哈尔滨大光明电影院演出大型歌剧《白毛女》

在连续数月的演出后，剧团赴哈尔滨郊县农村进行演出。在农村演出时，剧团使用临时搭建的舞台。当演至“杨白劳饮卤自尽”的经典桥段时，台下观众开始抽泣。待到喜儿哭爹的场景，观众更是泪涟涟。演员们身着戏服、赤足表演，全身心投入角色，完全不顾环境的简陋。台上演员真情流露，台下观众悲恸不已，连乐队成员也在后台哽咽……

歌剧《白毛女》在哈尔滨的演出取得了巨大成功，其不仅展现了艺术作品强大的感染力，而且折射出当时民众对旧社会的深恶痛绝。演职人员用精湛的表演成功唤起了观众的阶级觉醒，在哈尔滨音乐史上留下了浓墨重彩的一笔。

《黄河大合唱》首次在大城市唱响

1939 年 4 月，由光未然（张光年）作词、冼星海作曲的《黄河大合唱》在延安首演，“万山丛中，抗日英雄真不少！青纱帐里，游击健儿逞英豪”的嘹亮歌声随着战士的脚步飘向抗战前线。1939 年 5 月 11 日，在庆祝延安鲁艺成立一周年的晚会上，冼星海亲任乐队指挥，在场的观众都被《黄河大合唱》雄浑的气势和震撼的旋律打动，演出十分成功。之后，《黄河大合唱》迅速传遍全国。《黄河大合唱》以黄河两岸人民抗日救国的英勇斗争为题材，歌颂中华民族源远流长的光荣历史和中国人民坚强不屈的斗争精神。音乐气势磅礴，具有强烈的时代精神和鲜明的民族风格。《黄河大合唱》发出了时代的呐喊，激励了无数热血青年投身民族解放事业。直到今天，《黄河大合唱》以及据其改编的钢琴协奏曲《黄河》，仍是国内外音乐舞台上备受欢迎的曲目。

▲ 延安鲁艺合唱团排练《黄河大合唱》

1946 年 6 月 30 日，《黄河大合唱》在哈尔滨演出，盛况空前，在哈尔滨音乐史上写下了光辉的一笔。这是 1939 年《黄河大合唱》诞生之后第一次在大城市演出。这个日子对于哈尔滨这座城市来说，意义非凡。因为在这一天，延安鲁艺的艺术家在哈尔滨大光明电影院演出了歌剧《白毛女》和《黄河大合唱》。演出结束后，哈尔滨人民激动的心情是不言而喻的，应观众强烈要求，《黄河大合唱》在哈尔滨连续公演。

▲《黄河大合唱》总谱（1950 年版）

《黄河大合唱》以其激昂的旋律和深情的歌词，再次点燃了哈尔滨人民心中的爱国热情，为这座城市注入了活力与希望。

东北解放战争中活跃在哈尔滨的鲁艺文工团

随着解放战争的深入推进，鲁艺文工团在哈尔滨的活动日益频繁且深入，他们迅速开展了一系列卓有成效的文艺宣传工作。鲁艺文工团的每一次演出都深受群众喜爱。更难能可贵的是，他们不仅在城市中演出，还深入农村、部队，为群众和指战员送去精神食粮，极大地鼓舞了士气，增强了凝聚力。

1945 年 8 月 15 日，日本宣布无条件投降，全国人民沉浸在胜利的喜悦中。随后，经党中央指示，以鲁艺为中心成立了由延安各界文化人士组成的文工团，奔赴东北。1945 年 9 月 2 日，由舒群、沙蒙、田方、王大化、刘炽、公木、严文井、于蓝、华君武等 40 多人组成的东北文艺工作团从延安出发，成为鲁艺最先进入东北解放区的一支文艺队伍。11 月 2 日抵达沈阳，随即在辽宁开展文艺宣传工作，次年北上黑龙江。11 月间，党中央决定延安鲁艺离开延安迁往东北继续办学。于是，鲁艺剩余人员大多随延大迁校队伍前往东北，由周扬率领，鲁艺部分由沙可大负责带队。迁校队伍肩负重任，踏上征程。1946 年春天，因周扬奉命留下组建华北联大，鲁艺迁校队伍由吕骥、张庚率领继续向东北进发，一路经过长途跋涉，最终于 6 月到达哈尔滨。鲁艺迁校队伍到达哈尔滨后，演出了《白毛女》和《黄河大合唱》等节目，轰动全市，引起了很大反响，激起了广大群众对封建势力的无比仇恨和强烈的爱国主义热情。

1946 年 12 月，为了满足当时的形势需要，东北鲁艺改变了以课堂教学为主的学院形式，暂时改为以艺术创作演出实践为主的方式，先后组建了五个工作团，即牡丹江鲁艺文工团（东北鲁迅文艺工作团一团）、合江鲁艺文工团（东北鲁迅文艺工作团二团）、松江鲁艺文工团（东北鲁迅文艺工作团三团）、东北鲁迅文艺工作团四团、东北音乐工作团。他们坚持文艺为工农兵、为广大群众服务，活跃在城市、乡村、工厂、前线，在东北的解放战争中发挥了重要作用。

在哈尔滨的马家沟河畔，有一处被当地老百姓称为“鲁艺小院”的历史建筑。这座文艺复兴风格的别致小楼原为哈尔滨早期“双合盛”火磨大掌柜的私人别墅。1947 年 5 月，东北鲁迅文艺工作团三团在此成立，由向隅任团长、晏甬任副团长。不久，东北音乐工作团也成立了，由吕骥任团长、瞿维任副团长。团员主要来自哈尔滨及周边地区的青年教师和学生群体，他们紧密配合党在不同时期的中心工作进行文艺实践，深入解放战争前线，在枪林弹雨中热情演出，鼓舞士气。

▼1948 年，东北音乐工作团在哈尔滨

东北鲁迅文艺工作团三团在团长向隅的带领下，根据形势和工作需要深入到农村基层与城市中心。在此期间，他们演出的节目有合唱《解放区的天》《庆祝胜利》《八路军进行曲》等，秧歌剧《兄妹开荒》《收割》等。之后，他们到双城开始建团后的第一次巡回演出，为部队指战员和干部群众演出了精彩节目，包括《解放军打胜仗》《战斗生产》《八路好》《人民胜利大翻身》《归队》《儿童劳军》《农家乐》《两个胡子》等。在一次演出结束后，观众不肯走，坚持要求增加节目，因此演员们从晚上 8 点一直演到次日凌晨 3 点多才结束。不久之后，他们又赶到一面坡，为那里的部队官兵和干部群众表演了合唱及秧歌剧等经典节目，观众反响极其强烈。秧歌剧《两个胡子》是根据当时的剿匪工作创作的，在表演时，台下就有土匪表示要向政府认罪自首，之后陆续又有不少残余土匪向政府坦白、悔过，弃暗投明。在尚志等地慰问伤病员时，他们又演出了新排剧目《牢笼记》《小放牛》及合唱，在群众要求下又加演了《两个胡子》。这场演出是与县文工团联合进行的，他们在演出间隙还参与扫盲工作，教唱革命歌曲。此外，他们还认真向群众学习，搜集东北民歌，为群众挑水扫院。

1948 年 11 月，东北全境解放，活跃在哈尔滨的鲁艺各团赶赴沈阳，建立“东北鲁迅文艺学院”。至此，各文工团完成了自己的光荣使命，重新集结归一，继承延安鲁艺的传统，又走上了革命文艺的办学之路。1948 年 12 月，沈阳、哈尔滨等地招收了鲁艺第八届学员，这也是延安鲁艺复校后首批入校的学员。

◀ 东北鲁迅文艺工作团一团在农村演出

▲ 东北鲁迅文艺工作团在哈尔滨红军街1号团部楼前合影

1946年至1948年，鲁艺工作人员在哈尔滨生活、创作的岁月里，站在文化高地，植根生活，创作出大量优秀的文艺作品，为全国解放做出了突出贡献。他们组织创作和演出了众多革命文艺作品，激发了全国人民解放全中国的斗志和决心。此后，这些革命文艺工作者将红色文化艺术传播到全中国。

东北解放区音乐最“和弦”的城市——哈尔滨

解放战争时期，在鲁艺文工团等文化力量的积极推动下，哈尔滨逐渐成为东北地区的音乐活动中心。音乐艺术团体创作和演出了大量优秀的作品，如《咱们工人有力量》《白毛女》《黄河大合唱》等。这些经典之作以其激昂的旋律和深刻的内涵，至今依然激励着人民群众奋勇向前。

1946年1月，在李兆麟将军的关怀支持下，哈尔滨市音乐工作者协会（简称音协）成立了。其宗旨是：“联合哈市音乐界，使今后热心于大众化的音乐工作者，有个有力的团结组织。宣传群众、教育群众、组织群众，打击敌人。为保卫和平反对内战，充分发挥革命歌曲的战斗作用。”其常委由王一丁、吴限、王国忱、石梁、迟永进等人组成。王一丁为主任委员兼指挥，吴限为组织部长，王国忱为普及部长，石梁为组织部副部长，迟永进为总务部长，总务部下设一名专职干部处理日常总务工作。为充分发挥革命歌曲的战斗作用和音协的使命，音协组织了合唱团。合唱团由全市中小学教师、学生、工人和职员40多人组成，先后排演了30多首革命歌曲，为哈尔滨市各界群众表演，并到广播电台直播。

1946年12月，《人民音乐》在佳木斯创刊，成为中华全国文艺协会东北总分会音乐会会刊，由向隅、何士德、吕骥、任虹、王一丁等编辑，后一度停刊，1948年10月在哈尔滨复刊，后迁至沈阳。《人民音乐》创刊意义重大，为当时的音乐创作与传播提供了重要阵地。

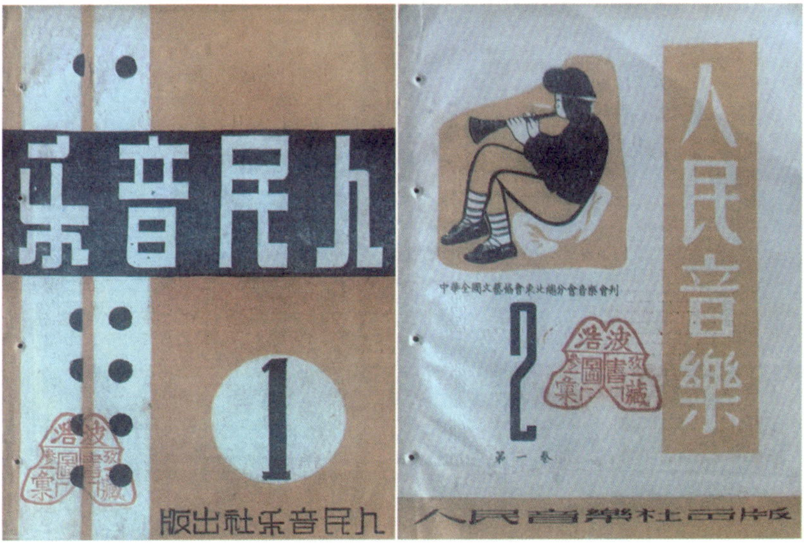

▲《人民音乐》

1947年5月，东北文艺协会为了使东北文艺工作打下坚实基础，拟成立一个文工团，后在哈尔滨的第四野战军第六纵队政治部宣传队的基础上，创办东北文协文工团。这个文工团的一部分团员来自东北野战军七师宣传队，一部分团员是哈尔滨的文艺工作者，曾在七师担任过宣传队队长的陈沙暂代团长。同年8月15日，东北局宣传部的代表、东北文协的领导和文艺界、新闻界的代表参加了大会，宣告东北文协文艺工作团正式成立。团长由张凡夫担任，陈沙任副团长，沙青任指导员。该团在哈尔滨排练并演出了歌剧《血泪仇》。《血泪仇》是马健翎创作的秦腔剧，贺敬之、张水华、王大化、马可、刘炽等人将其改编成秧歌剧，展现了农民王仁厚一家老少六口人的悲欢离合。该剧在大光明电影院上演时，来自部队、工厂、机关、学校的观众不断，演出时哭泣声、口号声此起彼伏。该剧引起了强烈反响。之后，该团进行多次整合改编，于1948年迁至沈阳，与冀察热辽文工团合并，改为东北文工团。

哈尔滨成为许多音乐家创作的沃土，各类优秀的作品层出不穷。李劫夫在这里完成了他的重要音乐作品——歌剧《星星之火》；瞿维在松花江边写出了他的经典作品——钢琴曲《花鼓》；吕骥带领刘炽、晓星去第四野战军一纵队（三十八军）体验生活，创作了《攻大城》和《钢铁部队进行曲》（后为三十八军军歌）。各文艺工作团边演出边参加土地改革斗争，在深入生活的基础上创作演出了一批优秀的作品，并于1948年3月在哈尔滨召开的东北地区文艺工作者座谈会的文艺晚会上演出，其中包括大型歌剧《火》（胡零编剧、刘炽作曲）、《杨勇立功》（白桦编剧），这两部歌剧获得中共中央东北局颁发的创作奖。此外，还有《血海深仇》（侣朋编剧、马可作曲、刘青导演）、《为谁打天下》（苏里、武兆堤编剧，吴茵作曲，武兆堤导演）等，受到了战士和群众的热烈欢迎，引起强烈反响。

▲ 东北鲁艺实验剧团在哈尔滨演出歌剧《星星之火》

▲ 东北鲁迅文艺工作团三团在哈尔滨演出歌剧《火》

1948 年 8 月 1 日至 22 日，第六次全国劳动大会在哈尔滨召开期间，由井岩盾、晓星、胥树人、侯唯动作词，刘炽作曲的《工人大合唱》在专场音乐会上演出，受到了热烈的欢迎。在创作《工人大合唱》时，为了更真实地表现工人阶级的工作及生活情景，词曲作者们深入工厂和矿山体验生活，鲜活的生活体验给予他们灵感，于是才有了这首“表现新的工人的第一部作品”。这是党的工作重心由农村转向城市在音乐工作中的反映，具有里程碑的意义。

革命音乐刊物的繁荣出版

在解放战争时期，革命音乐刊物的出版也迎来了前所未有的繁荣景象。《自卫歌声》《人民歌集》《受苦人翻身大联唱》《中国名歌选》《东北民歌选》等一系列刊物相继发行，不仅广泛传播了革命音乐，而且深刻记录了那个时代的风云变幻与历史轨迹。它们以其独特的艺术魅力和深刻的思想内涵，共同构成了那个时代独特的音乐记忆与文化符号。

◀
东北文艺工作团第二团戏剧音乐丛书之七——《自卫歌声》，任红、罗正编，东北书店1947年印行。主要歌曲：任虹作词的东北小调曲《咱们穷人坐天下》，铁军作词、罗正作曲的《穷人大翻身》，邓子怡作词、刘炽作曲的《消灭胡子》，胥树人作词、田风作曲的《保卫祖国》，陈陇作词、刘炽作曲的《东北青年进行曲》等

▶
《人民歌集 第一辑》，人民音乐社编，东北书店1947年印行。主要歌曲：天蓝、卡洛夫的《东北人民自卫军歌》，彦克的《自卫进行曲》，刘自然的《民兵歌》等

◀
《受苦人翻身大联唱》，骆文词、程云曲，冀察热辽文艺工作团第一团编，东北书店1947年印行。主要歌曲：齐唱、合唱《盼望共产党》，男女对唱、齐唱《穷根在哪里》，女声独唱、合唱《告状的人》，男声独唱、齐唱《不让地主发疯》，合唱《强盛的自卫队》等。

民间文艺丛书之二《民间音乐论文集 第二辑》，中国民间音乐研究会编，东北书店 1947 年印行。主要文章：冼星海的《民歌与中国新兴音乐》，吕骥的《中国民间音乐研究提纲》，马可的《陕北土地革命时期的农民歌咏》，吕骥的《民歌中的节拍形式》，安波的《关于陕北说书音乐》等

《人民歌集 第二辑》，人民音乐社编，东北书店 1948 年印行。主要歌曲：希扬作词、李尼作曲的《解放军打胜仗》，希扬作词作曲的《为了打胜仗》，荒草作词、一鸣作曲的《四季行军歌》，聂长林作词、李尼作曲的《参军去》等

《中国名歌选 第一辑》，东北书店 1948 年印行。第一部分歌曲：《奋起救国》《松花江上》《五月的鲜花》《逃亡曲》等；第二部分歌曲：《丈夫去当兵》《到敌人后方去》《洪波曲》等

《人民解放军歌集 第一集》，东北书店 1948 年印行。主要歌曲：宁森和雪立作词、一鸣作曲的《荣军誓歌》，雪立作词、黄歌作曲的《反攻进行曲》，刘炽作词作曲的《解放军打胜仗》，庄映作词作曲的《咱们比比看》等

东北民间音乐丛刊之一《东北民歌选》，中国音乐研究会编，东北书店1948年印行。主要歌曲：张鲁的《打路基》，东北文工二团的《劳工五更》，解冰的《挑国兵》和《小家底》，军大文工团的《集大屯（一）》《集大屯（二）》等

《人民音乐 新一卷 第一期》，人民音乐社编，东北书店1948年印行。主要文章：向隅的《对人民解放军军歌及进行曲应征歌曲的意见》，李焕之的《曲调的构成》，李中艺的《华北音乐活动概况》，何士德的《发声法研究》等

《小学音乐手册》，潘奇编，东北书店1948年印行。编者在前记中写道："本书分两部分：一是歌曲，二是文字。歌曲因材料所限，很觉不充足。分类是以低、中、高年级为标准，其中侧重中年级，但低高年级在某种情况下亦可采用中年级的材料。" 主要歌曲：《上学校》《起得早》《小学生》《好帮手》《保卫家乡》《自卫队》《黑狗和花猫》《卫生歌》《军民一条心》等

《陕北民歌选》，鲁迅文艺学院编，光华书店 1948 年发行。主要歌曲：《信天游》《腊月梅花香》《走西口》《盼五更》《店家失女》《打夯歌》《骑白马》《红旗》《四季生产歌》等

《人民音乐 新一卷 第二、三期》，人民音乐社编，东北书店 1949 年印行。主要文章：穆华的《创作、批评与听众》，吕骥的《评〈工人大合唱〉》，马可的《镜泊湖上的劳动合唱》，关立人的《“坠子”之基本组织与基本曲调》等

哈尔滨在解放战争时期的文艺繁荣，不仅体现在歌剧、合唱等艺术形式的精彩呈现与深入人心上，而且体现在鲁艺文工团等文化力量的深入传播与不懈创作上。这些文艺活动不仅极大地丰富了人民群众的精神文化生活，而且在关键时刻发挥了凝聚人心、鼓舞斗志的重要作用，为全国解放战争的胜利做出了不可磨灭的贡献。

哈尔滨的
群众音乐文化

群众音乐文化与“哈夏”音乐会

哈尔滨，因其独特的地理位置和开放包容的文化传统为音乐的发展提供了条件，也为群众性音乐活动的发展奠定了基础。哈尔滨解放之后，从延安来的大批文艺工作者到这座城市开展了丰富多彩的音乐文化活动，在这片土地上播撒下新中国音乐事业的种子，并从此迅速生根发芽、开花结果。

从 20 世纪 50 年代开始，群众性音乐活动逐渐蓬勃发展，至今从未停止。这不仅极大地丰富了市民群众的业余文化生活，也为“音乐之城”的创建奠定了坚实的基础，更为城市文化的发展增添了一抹亮色。

工业基础稳固，催发时代音乐强音

作为全国最早解放的大城市，哈尔滨被称为“共和国长子”。在党的引领下，哈尔滨以积极稳健的步伐建立和巩固人民政权，奋力恢复经济，发展生产。新中国成立后，哈尔滨被列为重点建设城市之一，第一个五年计划期间，全国 156 项重点工程中，哈尔滨占有 13 项，建成了哈尔滨电机厂、哈尔滨汽轮机厂和哈尔滨锅炉厂三个国家大型装备工业企业，合称“三大动力”厂。此外，还建有“四大工具”厂（量具刃具厂，第一、二、三工具厂）、轴承厂和电表仪器厂等单位，为哈尔滨乃至全国经济的发展增添动力。

▼ 早期的哈尔滨电机厂

▲ 建成后的哈尔滨量具刃具厂主楼

▲ 哈尔滨汽轮机厂车间

▲ 早期的哈尔滨电机厂生产车间

20 世纪 50 年代，哈尔滨作为新兴的工业重镇，群众音乐呈现出鲜明的时代烙印。那时，哈尔滨劳动号子式的歌曲，如《咱们工人有力量》传唱于各大工厂。哈尔滨的许多大型企业将歌咏活动视为企业文化的核心内容，每逢节庆活动，车间都要组队参加全厂乃至全市的大合唱。市直机关各单位定期组织歌咏比赛，学生合唱团也相继组成。演唱者们都热情高涨，歌声中透露出十足的建设新中国的激情。《没有共产党就没有新中国》《革命人永远是年轻》《社会主义好》等歌曲，在工厂、校园、广场此起彼伏。此时，百人合唱虽已出现，但尚属内部演唱，场景、规模都不是很大。

▲ 演员们正在排练节目

当时，在哈尔滨生活和工作的苏联人随处可见，讲俄语、唱苏联歌曲司空见惯。苏军红旗歌舞团、苏联国家交响乐团曾分别在1953年和1958年来哈尔滨演出，并引起轰动效应。于是，以黑龙江大学为中心，青年学生们开始自发地组建俄语合唱团、合唱队，《莫斯科郊外的晚上》《喀秋莎》《红莓花儿开》等苏联歌曲通过广播、留声机等传入市井街巷。在街道、公园、社区、工厂、学校等地演唱苏联歌曲，已成为那个时代的一道亮丽风景线。

1956年，哈尔滨市群众艺术馆成立，先后为工厂、企业、学校等单位培养了一批文艺骨干，还组织音乐、曲艺、舞蹈等业余创作骨干开展创作活动，编辑出版《哈尔滨演唱》《哈尔滨艺术》等刊物和演唱材料。哈尔滨歌舞剧院成立后，哈尔滨戏剧舞台出现较为完整的歌剧艺术。哈尔滨歌舞剧院创作演出的以大型歌剧《兴安岭战歌》为代表的作品，受到观众广泛好评。此时的群众文化活动场所大批修建，继哈尔滨市工人文化宫、哈尔滨市少年宫建成之后，各大工厂、企业、学校的俱乐部相继建成，文化设施不断完善。哈尔滨艺术学院、黑龙江省戏曲学校等专业艺术院校，为哈尔滨市培养和输送了大批人才，这些都为哈尔滨音乐文化的发展提供了人才和设施保障。

▲ 歌剧《兴安岭战歌》

▲ 歌剧《朝阳沟》

“哈夏”品牌初建，奠定音乐繁荣基础

进入20世纪60年代，苏联歌曲的热度减退，群众音乐体现出较强的专题性，红色音乐蓬勃发展，集体性音乐活动仍持续活跃。这段时期，哈尔滨的京剧、评剧、话剧、歌剧、曲艺等文艺团体陆续上演一批传统剧目。从1962年起，哈尔滨歌剧院演出转向多样化，既有民族歌曲，又有国外歌曲和歌剧，还创作了一些大型集体歌舞，使原有的小型音乐、歌舞和小戏曲逐渐为小型歌剧、交响音乐所替代，日趋丰富多彩。文化单位在开展“南戏北移”活动中，先后从外埠移植江西赣剧、河北梆子、吕剧、越剧、黄梅戏、豫剧等剧种，并培育龙江剧，艺术表演团体迅速增多，人们称誉“不出十里地，可观天下戏”。

20世纪50年代末到60年代初，为了鼓舞士气战胜生产和生活中的种种困难，在哈尔滨市委、市政府的组织下，大规模的歌咏活动热烈地开展起来，成为机关、企事业单位、学校文化活动的重要组成部分。各种宣传、文艺团体纷纷成立，被选中的演员们感觉光荣而自豪，他们认真排练，任劳任怨，演出的水平很高，堪比专业演出团体。除了演出水平较高之外，规模也较以往有了新的突破，仅1960年参加歌咏活动的演员就达22万人次。

那段时间的音乐活动规模大，集体性和专业性较强，音乐主题相对较为集中，各种形式的音乐会演活动频繁举办，干部、职工、教师、学生、农民等热情高涨，出现了一批群众喜闻乐见的优秀作品，每到会演时节，哈铁文化宫、哈尔滨市工人文化宫、哈尔滨青年宫的剧场都座无虚席。

▼ 1960年，哈尔滨群众歌咏活动

“哈尔滨之夏”音乐会（包括“中国·哈尔滨之夏”音乐会，以下皆简称为“哈夏”音乐会）的诞生，是哈尔滨音乐发展史上的里程碑。1961年，在哈尔滨市委、市政府的大力支持下，对中国音乐艺术发展、音乐人才培养产生深远影响的首届“哈夏”音乐会成功举行。首届“哈夏”音乐会，被后人誉为点燃了音乐艺术的火种，不但对哈尔滨市音乐事业的发展、音乐人才的培养和音乐创作的繁荣起到了很大的推动作用，同时也对全国音乐活动的繁荣产生了积极的影响。

▲ 1961年，第一届“哈夏”音乐会在哈尔滨青年宫开幕

“哈夏”音乐会的由来

1958年，时任文化部部长的沈雁冰来哈尔滨视察工作，观看了一组哈尔滨市业余文艺会演，并给予较高评价。随后，经哈尔滨市政府层面大胆构想，加之群众文艺工作者的积极促进，1958年在北方大厦正式确定了“哈尔滨之夏音乐活动月”方案，决定自1958年起连续3年开展群众歌咏活动。

“7月9日，中共哈尔滨市委宣传部、市文化局、市工会、市文联、各区人委等20余单位召开会议，组成哈尔滨之夏活动指导委员会，会议决定于1958年8月1日至30日在我市举办一次规模宏大，具备广泛群众性的文化艺术工作大检阅：‘哈尔滨之夏音乐活动月’……”本次“哈夏”活动月共演出了3台歌剧，一台音乐舞蹈节目。“哈夏”活动月奠定了“哈尔滨之夏”音乐会的基础。

在黑龙江省政府、哈尔滨市政府和黑龙江省音协、哈尔滨市音协的促进下，经过周密策划，第一届“哈夏”音乐会于1961年7月5日在哈尔滨青年宫正式拉开帷幕。本届音乐会历时11天，于7月15日在哈铁文化宫露天剧场闭幕。

本届音乐会的宗旨是：进一步贯彻党的“百花齐放，百家争鸣”的文艺方针，检阅文艺队伍的成长情况和创作成绩，促进文艺事业的发展。

本届音乐会共举办了8台、10场音乐会，700余名演员参加演出，观众达2万余人。音乐会共演出了各种不同形式、不同题材和风格的节目110个，演奏声乐、器乐作品300余首。演出的作品取材广泛，形式多样：有歌颂我国人民现实生活的歌曲，也有深沉、典雅的古曲；有激昂的革命歌曲，也有抒情优美的表现人们日常生活的轻音乐和短小的抒情歌曲；有民歌、民间乐曲，也有西洋的乐曲；有极其丰富的我国戏曲音乐和曲艺音乐，也有西洋古典歌剧选曲。

演出的节目中有50余个是当时全国各地和哈市文艺工作者及文艺爱好者新创作的作品。作品的思想性、艺术性都较过去有了很大的提高。在创作与表演的民族化、群众化方面，也进行了有益的探索和尝试。如黑龙江省的诗人、作家与音乐家密切协作，共同创作的第一部大型声乐作品《黑龙江大合唱》，作品分8个乐章，每个乐章都有自己的特色。赞颂了黑龙江人民在党的领导下11年来所取得的巨大成就，展望了黑龙江美好幸福的明大。整部作品充满热爱家乡、建设家乡，热爱祖国、建设祖国的炽热情感，生动而感人地描绘了北大荒变“北大仓”的动人情景，跳动着激荡人心的时代脉搏。这部作品由哈尔滨歌舞剧院合唱队和哈尔滨艺术学院声乐专业学生合唱队演出，使其表现力大大增强。5个乐章的《黑龙江颂》与之相互呼应，各展其长，把演出推向高潮。

女高音李高柔独唱的《蝶恋花》《信天游唱给毛主席听》声情并茂，掌声不绝。男高音郭颂演唱的新改编的东北民歌《新货郎》《梁山伯五更》等歌曲，以其浓郁的东北风韵和圆润、优美的音色吸引着听众。王双印、郝淑琴、周其华、金浪、熊林等人，在表演上都有各自的独特风格。哈尔滨歌舞剧院演出的男声小合唱《在太行山上》以及省公安厅警士演出队的男声小合唱《第一次穿军装》等，都给听众留下了深刻的印象。哈尔滨艺术学院音乐系学生的女声表演唱《十唱共产党》感情真挚，表演恰到好处。哈尔滨歌舞剧院管弦乐队初演大型古典名曲便获成功。哈尔滨艺术学院张季让的二胡独奏、哈铁文工团王保田的板胡独奏以及哈尔滨歌舞剧院胡景荣的中提琴演奏，可谓各有绝技，出手不凡。特别是青年独奏演员胡景荣用西洋乐器对中国作品的探索，极有突破性。

1961年，参加首届“哈夏”音乐会的刘青导演为排练歌剧《洪湖赤卫队》做案头工作

▲ 第一届"哈夏"音乐会在哈尔滨青年宫开幕

▲ 哈尔滨歌舞剧院管弦乐队在哈铁文化宫露天剧场演出交响音乐会

据当时的报纸报道，为了把“哈尔滨之夏”活动在各区广泛、蓬勃地开展起来，全市各工厂、企业、机关、学校等单位，都纷纷动手搞创作、排节目。街道文艺活动非常活跃，还有五百人组成的妇女秧歌队参加开幕式。此外，以哈尔滨亚麻厂和哈尔滨啤酒厂为代表的企业还结合生产实际编排了大型歌舞。

▲ 演员们正在排练节目

1962 年，东北三省音乐家协会主席、秘书长联席会议在哈尔滨举行。与会人员一致认为，“哈夏”音乐会这种音乐形式很好，对繁荣创作、促进音乐事业发展、活跃人民群众文化生活都有好处，因此三省达成协议：从 1962 年起联合举办三省音乐会。1962 年由黑龙江省主办，辽宁、吉林两省派演出观摩团参加。同年 7 月，第二届“哈夏”音乐会在哈尔滨青年宫开幕。

音乐会期间，黑龙江的 13 个音乐团体，以及来自北京、上海、辽宁、吉林等地的上千名演员参演了 22 台节目、41 场专场音乐会。著名女高音歌唱家张权演唱的歌剧《茶花女》选曲《为什么》、男高音歌唱家李世荣演唱的《歌唱毛主席共产党》《牛娃山歌》、中央乐团巡回演出队演唱的无伴奏合唱《回声》《牧歌》、郭颂演唱的东北民歌，都受到了观众的热烈欢迎。

第二届“哈夏”音乐会为期 12 天，剧场观众达 44000 人次。相较上一届，本届音乐会规模更大，演出的作品题材更广泛。音乐会上演出的 24 部新作品，显示了哈尔滨音乐界一年来创作和表演艺术的成就。第二届“哈夏”音乐会的举办，是东北地区音乐工作发展的成果，推动了东北地区音乐工作的进一步发展。

▲ 第二届“哈夏”音乐会在哈尔滨青年宫开幕

1966 年，随着第六届“哈夏”音乐会落幕，此项音乐活动暂时中断。然而，哈尔滨的群众音乐活动并未停摆，众多经典歌曲广为传唱。在当时，《东方红》《大海航行靠舵手》《学习雷锋好榜样》《我们走在大路上》等红色经典歌曲无论是哪个阶层，不管男女老少，都张口就能唱，很多人家都有二胡、笛子、手风琴、小提琴等乐器。

改革开放后，哈尔滨群众音乐打破内部演出、行业会演的单一模式，开始走上街头。1979 年 7 月 13 日，第七届“哈夏”音乐会在黑龙江省展览馆剧场拉开帷幕，停办 12 年的“哈夏”音乐会终于重启。本届音乐会参加演出的约 2400 人，从各地前来观摩的也有 1000 多人，节目内容丰富，题材多样，风格各异。共演出 73 场节目，包括 500 多首曲目，观众达 11 万人次。

▼ 第七届“哈夏”音乐会剧场

▲ 小提琴演奏家盛中国在第七届“哈夏”音乐会期间举办独奏音乐会

电台选播了开幕式和闭幕式及部分专场演出，吸引了更多的听众。专业院团与业余爱好者又开始同台竞技。指挥家秋里、小提琴演奏家盛中国、歌唱家罗天婵等著名音乐家都在此次音乐会上奉献了精彩的演出。本届音乐会从演出规模、演出水平和观众数量来说，超过了以往任何一届，可以说是黑龙江省空前的一次音乐盛会。

“明媚的夏日里，天空多么晴朗……”创作于1979年的《太阳岛上》使哈尔滨太阳岛成为全国人民向往的风景胜地，众多海内外宾朋纷至沓来，欣赏哈尔滨美丽而独特的自然景观。在第七届“哈夏”音乐会期间，为迎接国庆三十周年，中央电视台拍摄了电视片《哈尔滨的夏天》，《太阳岛上》由郑绪岚首唱。歌曲以清新流畅的旋律，描绘了北国夏天的美丽景色，歌唱了青年人对生活的热爱和对美好生活的向往，充满了青春的活力，表现出强烈的向上的时代感。《太阳岛上》为歌坛吹来了清新自然的风，在1980年被选为“听众喜爱的广播歌曲15首”之一。

第七届“哈夏”音乐会特邀当年最初的倡导者之一——女高音歌唱家张权参加，张权还同她的女儿莫纪纲举办了音乐会。在台上，张权以其美妙的歌声和端庄的表演，引得全场观众报以雷鸣般的掌声。

▲ 著名歌唱家张权重返“哈夏”音乐会舞台，演唱《祝酒歌》

“哈夏”音乐会的首倡者之一 ——著名歌唱家张权

张权（1919—1993）生于江苏宜兴，是我国杰出的女高音歌唱家。她的演唱风格独具特色，融合了西洋技法与中国神韵。她参演的歌剧《茶花女》受到观众热烈的欢迎，并得到高度评价，连续演出 100 多场而不衰。

1961 年，张权来到哈尔滨。在被誉为“东方小巴黎”的哈尔滨，张权总会被这座城市的音乐气息深深打动。漫步街头，黑管悠扬的旋律从俄式小楼里飘出，小提琴的颤音在巴洛克建筑间回荡，钢琴的奏鸣与教堂钟声交织成独特的城市交响。每逢假日，她最爱来到风景如画的太阳岛，看松花江碧波环绕中，游人围坐在一起，在手风琴和吉他的伴奏下，唱起一首首动人的歌谣……

她望着江畔的欧式建筑，听着街头此起彼伏的乐声，不禁陷入沉思——国外有“维也纳音乐节”“布拉格之春”等名目繁多的音乐节，哈尔滨这座音乐城市，为何不能拥有属于自己的音乐盛会？不久之后，她就把这个想法向省市领导进行了汇报，建议很快被采纳。1961 年 7 月，哈尔滨举办了第一届“哈夏”音乐会，引起了全国音乐界的重视。1962 年，张权建议成立哈尔滨歌剧院，最终意见被采纳。1962 年 7 月，哈尔滨歌剧院正式成立。在她的倡导和带动下，哈尔滨歌剧院连续举办多场“星期音乐会”，在普及音乐的同时，也为歌剧院的演员提供了演出实践的机会。

1978 年，张权回到北京，在新组建的北京歌舞团工作。1979 年，张权应邀与女儿莫纪纲参加第七届“哈夏”音乐会，二人共举办了多场音乐会，受到各界人士的热烈欢迎和好评。

1961 年至 1978 年间，张权将生命中最富创造力的年华献给了哈尔滨。这位人民的歌唱家的动人歌声，早已化作松花江永恒的浪花，而她倾注心血的“哈夏”音乐会，则成为这座城市最珍贵的文化瑰宝。1993 年，张权在北京离世，享年 74 岁，但她用生命谱写的音乐传奇，仍在冰城的每一个音符中延续。

▼ 张权独唱音乐会海报

▼ 张权在演出

“哈夏”品牌升级，展现蓬勃发展态势

1980 年的第八届“哈夏”音乐会，群众参与度高，业余团体和演员所占比例较大。这次音乐会共演出 23 场，曲目 222 个，参加演出的节目共有 114 个，观众 3 万余人次。此次音乐会完全以群众业余创作演出为主，演出的曲目多取自现实题材，艺术形式多样，民族化、群众性特色突出，富有地方特色，具有强烈的时代精神和生活气息。在这次音乐会中，有一批业余演员崭露头角，他们来自各条战线，大多是工作、生产上的好手，又是群众音乐活动的骨干和积极分子，这说明哈尔滨的群众业余音乐在蓬勃发展，水平有了很大提高，更展现了哈尔滨音乐活动无限的能量、潜力和广阔的发展前景。

第八届“哈夏”音乐会
舞蹈《深山采药》

第八届“哈夏”音乐会
舞蹈《扇子舞》

1989年的第十七届“哈夏”音乐会与黑龙江省第二届天鹅艺术节合并举行，并作为第二届中国艺术节的分会场，命名为“天鹅之声”，于8月1日在哈尔滨工人体育馆开幕。本届音乐会集音乐、舞蹈、戏曲、话剧、歌剧、舞剧、杂技、曲艺于一体，共演出22台63场，观众11万余人次。哈尔滨有7台、91个节目参加演出。在此次音乐会期间，哈尔滨传统的消夏乘凉晚会持续绽放魅力，成为市民文化生活的亮丽风景。不论是专业院团的精湛演绎，还是群众文艺团队的倾情表演；无论是剧场内的专业舞台，还是广场上的露天演出，都吸引着络绎不绝的观众。现场热烈的掌声与喝彩，既彰显了龙江大地文艺创作的丰硕成果，更为全体演职人员注入了源源不断的创作动力。

▲ 第二届天鹅艺术节暨第十七届“哈夏”音乐会在哈尔滨工人体育馆开幕

▲ 第十七届“哈夏”音乐会小雪花艺术团演出童声大合唱《儿童团歌》

▲ 第十七届“哈夏”音乐会闭幕式道里分会场

进入 20 世纪 90 年代，工厂歌咏活动逐渐转向文化休闲，“职工文化节”开始受到广大工人的青睐。在一些大专院校，随着港台流行歌曲、摇滚音乐、爵士乐的盛行，朝气蓬勃的学生乐队纷纷成立，各类文艺演出活动接二连三地举行。江畔、公园、社区等纷纷组织纳凉晚会，市民群众自发组织丰富多彩的音乐活动，他们自带乐器，表演歌曲独唱、戏曲清唱，组织器乐合奏，义务为他人伴奏，已成为街头独特的艺术形式。九站、防洪纪念塔广场等地，每到节庆日或周末，尤其是夏日的夜晚，便有大批歌友聚集，《军港之夜》《外婆的澎湖湾》《在希望的田野上》《年轻的朋友来相会》《昨夜星辰》《童年》《太阳岛上》《花儿为什么这样红》《嫂子颂》等歌曲传遍大街小巷。

1990 年的第十八届“哈夏”音乐会，通俗歌曲专场登上了舞台，但演出仍以丰富多彩的群众音乐活动为主。各区文化活动丰富，不仅有“呼兰河之声”“阿什河之声”等各区县（市）的专场，也有“企业文化周”“青年文化周”“家庭文化周”以及书法、美术、摄影展览，吸引了大批观众，形成了既有艺术节规模又有广泛群众性的文化氛围。本届音乐会共演出 191 台、251 场节目，演职人员 2 万余人，观众 47 万多人次，这充分显示了多年来发展起来的文艺队伍的雄厚实力和水平。

▲ 第十八届“哈夏”音乐会在哈尔滨工人体育馆开幕

▲ 第十八届“哈夏”音乐会苏联滨海艺术团表演舞蹈《贵妇人》

1994 年 6 月 24 日，第二十二届“哈夏”音乐会在北方剧场开幕。本届“哈夏”音乐会在弘扬主旋律、提倡多样化的同时，以音乐艺术团体的演出为重点，专业与业余相结合，专业演出与群众文化活动相结合，本市艺术活动与外地艺术团体演出相结合，国内文艺团体与国外文艺团体文化交流演出相结合，普及与提高相结合。共演出音乐会 12 台、143 个节目，观看群众性文艺演出和参加闭幕式活动的观众 60 余万人次。

第二十二届“哈夏”音乐会期间，哈尔滨市委、市政府总结了既往经验，对之后“哈夏”音乐会的发展做出战略性调整：每两年举办一届，以高雅音乐为主，突出专业性，提高交流性，兼顾普及性和群众性，逐步把“哈夏”音乐会办成全国性的音乐盛会。

▲ 第二十二届“哈夏”音乐会于 1994 年 6 月 24 日开幕

▲ 第二十二届"哈夏"音乐会俄罗斯艺术家演出

从1996年开始，"哈夏"音乐会由文化部和哈尔滨市政府共同举办，更名为"中国·哈尔滨之夏音乐会"，这标志着"哈夏"音乐会已经由地方性的音乐活动变为国家级的音乐节。此外，还将全国声乐比赛和全国歌剧调演纳入"哈夏"音乐会，这极大地提升了"哈夏"音乐会的水准，为哈尔滨成为世界"音乐之城"奠定了基础。

第二十三届"哈夏"音乐会开幕式当天晚上还举行了"庆哈夏、花车游、狂欢夜"活动，38辆花车跨越道里、道外、太平、南岗、香坊、动力6个区，途经16条主要干道，吸引百万市民冒雨观看。

▲ 第二十三届“哈夏”音乐会于 1996 年 7 月 18 日开幕

▲ 第二十三届“哈夏”音乐会中央歌剧芭蕾舞剧院演出歌剧《图兰朵》

▲ 第二十三届“哈夏”音乐会中央歌剧芭蕾舞剧院演出芭蕾舞剧《红色娘子军》

▲ 第二十三届“哈夏”音乐会全国歌剧观摩演出

▲ 第二十三届“哈夏”音乐会“庆哈夏、花车游、狂欢夜”活动

1998 年 8 月 6 日，第二十四届“哈夏”音乐会开幕。开幕式当晚，来自全国各地的合唱团与哈尔滨众多市民群众来到防洪纪念塔广场、建筑艺术广场及其他演出场地，共度合唱之夜，万人同时同唱《太阳岛上》，同时、同地、同饮太阳岛啤酒，将开幕式活动推向高潮。此届音乐会盛况空前，规模宏大，紧跟时代步伐推出许多优秀作品，将“哈夏”品牌推向了新的高度。

▲ 第二十四届“哈夏”音乐会第八届“文华奖”颁奖仪式中精彩的演出

▲ 第二十四届“哈夏”音乐会迎宾入城式

▲ 第二十四届“哈夏”音乐会于1998年8月15日闭幕

“哈夏”品牌繁荣，持续焕发生机活力

进入新世纪，哈尔滨的群众音乐蓬勃发展，“哈夏”品牌已经享誉世界，音乐发展的脚步日趋加快，开始从地方性、群众性的音乐节走向专业性、国际化的大舞台，逐渐成为城市文化软实力的核心标志。

自 1996 年“哈夏”音乐会成为国家级音乐活动之后，众多国际知名艺术团体陆续来到哈尔滨演出，哈尔滨的国际影响力剧增。2010 年 6 月，哈尔滨被联合国经济和社会事务部授予亚洲唯一的“音乐之城”。2013 年，“哈夏”音乐会晋升为亚洲艺术节联盟执委会成员。这是全亚洲对哈尔滨半个多世纪以来坚持不懈举办“哈夏”音乐会的充分肯定，也是“哈夏”音乐会自身不断创新突破取得的重大成果，充分体现了“哈夏”音乐会在亚洲乃至世界艺术节会上的影响力。

▼ 第二十九届“哈夏”音乐会大型歌舞剧《中华吟》

“哈夏”音乐会格外注重全民的参与性，更加体现为民惠民的特色，让更多的市民参与到音乐盛宴当中。以 2008 年第二十九届“哈夏”音乐会为例，本届“哈夏”音乐会在群众参与方面做了大量工作，从哈尔滨市区中心广场到城边新老社区，市民的参与度较高。如精心策划和组织了古筝音乐会、创新秧歌展演、少儿舞蹈专场等内容丰富、形式多样的演出活动以及近千场的社区群众演出。“好歌大家唱”更是点燃了市民群众的激情，作为本届“哈夏”音乐会的重要活动，“好歌大家唱”报名者众多，且提倡夫妻、三口之家、四世同堂、邻里之间、同事朋友之间多种组合方式。活动也不单单评选优秀歌手，优秀群众评委、优秀群众主持人等都纳入了评选范围。“好歌大家唱”让每个人都成了大明星。2010 年第三十届“哈夏”音乐会的群众文化活动更加丰富多彩，演出近千场，参演人员上万人，直接参与音乐会各项活动的观众近 200 万人，再次刷新了“哈夏”音乐会群众文化活动的新纪录。共推出十余项群众文化活动，其中包括第五届“好歌大家唱”“音乐之都·百姓大舞台”“音乐名人故乡行”系列活动、欢乐“哈夏”社区艺术节跨区巡演、“百团、百校、百场”系列公益演出等。这些形式多样的群众文化活动极大地激发了市民的参与热情，丰富了群众的业余文化生活。

▲ 第二十九届“哈夏”音乐会“百姓风采”社区活动月文艺演出

▲ 第二十九届“哈夏”音乐会《筝鸣哈夏 情系奥运》古筝专场演出

▲ 第三十届“哈夏”音乐会千人民乐演奏

2018 年 8 月 6 日，第三十四届“哈夏”音乐会开幕。“哈夏”音乐会创办半个多世纪以来，已经成为延续历史文脉、弘扬高雅艺术、推动群众文化建设、尽显城市魅力的盛大节日，是人们喜闻乐见、引以自豪的金色名片。本届“哈夏”音乐会期间，每天举办百余场群众文艺活动，奏响精彩绝伦的华美旋律，点燃乐舞欢歌的夏日激情。

第三十四届“哈夏”音乐会的“国际化”特征愈加明显，“音乐之城”的国际影响力也与日俱增。近些年来，哈尔滨在演出场所、舞台背景、社会宣传等方面均把“哈夏”音乐会演出内容与优秀旅游资源同步宣传。在松花江畔防洪纪念塔广场、呼兰河口湿地公园、哈尔滨音乐公园等主要景区景点设置“哈夏”演出舞台，开展专业演出活动。

▲ 第三十四届“哈夏”音乐会开幕

▼ 第三十四届“哈夏”音乐会吉祥物“哈哈”和“乐乐”

音乐文化的发展增强了城市的吸引力，哈尔滨音乐文化的基础设施发展迅速，哈尔滨大剧院、哈尔滨音乐厅等一批新地标平地而起，极大地提升了城市的文化形象。同时，在“哈夏”活动中，国内外专业团体的演出充分展示了城市音乐文化发展的水平，全民参与的音乐活动充分表现了群众热爱音乐的生活方式，这些都吸引更多的游客来到哈尔滨，欣赏音乐盛会，体验音乐之城的独特人文魅力。

随着“哈夏”音乐会的发展，群众音乐活动又衍生出多种形式。2014 年盛夏时节，“市民音乐嘉年华”系列文化活动成功举办，之后每至夏季，已实现硬件设施提档升级的“市民音乐嘉年华”便隆重登场。在防洪纪念塔广场、中央大街、建筑艺术广场、人民广场等市民主要休闲娱乐场所，不断推出西洋乐器表演、合唱声乐类节目表演、民族器乐表演秀、市民欢乐汇等多个主题的群众文化演出活动，场面火爆，喝彩声不断，更引人注目的是，经常引发全场观众大合唱，报名参演的电话十分火热。

作为户外公益演出的“市民音乐嘉年华”，具有丰富多彩、形式多样、群众参与面广、社会影响力大等特点，堪称为广大市民量身定做的音乐盛事，它成功地为全市的机关企事业单位、大中小学校学生，职业及非职业群众文化演出团体搭建了交流展示的平台，令市民喜闻乐见、踊跃参与，真正成为展示群众才艺的大秀场，免费观看特色文化的大舞台。

▼ 第三十四届“哈夏”音乐会市民音乐嘉年华系列文化活动

“市民音乐嘉年华”系列文化活动，其实仍是“哈夏”音乐会的一个重要组成部分。音乐活动的参演人员全部来自群众文化活动团队，场场演出都洋溢出热烈、文明、和谐、浪漫的艺术氛围，处处都展示出哈尔滨人的音乐底蕴与音乐素养。

每当夏季来临，哈尔滨的大街小巷都沉浸在美妙的音符中，仿佛初夏的晚风为人们打开了这座城市的音乐宝藏。漫步在中央大街上，市民和游客经常能感受到浓厚的音乐氛围，有时会看到街头艺人表演，民谣歌手、萨克斯演奏者、动漫歌曲翻唱组合轮番登场，为百年老街展现潮流音乐的独特一面。从 2008 年以来，每当仲夏之夜，悠扬的旋律就会在中央大街马迭尔宾馆阳台上响起。在精致特别的阳台上，表演者凭借精湛的技艺和独特的演出方式引得游客市民驻足观看。观众不仅能欣赏精彩的演出，还能感受马迭尔建筑的艺术魅力，至今已成为中央大街一道亮丽的风景线，也充分展现出哈尔滨这座世界“音乐之城”的独特魅力。此外，为深度挖掘地区历史文化资源，2024 年 5 月 1 日，哈尔滨市南岗区打造了首届“阳台音乐会”，将具有百年历史的欧式建筑与哈尔滨音乐之城特色相融合，把哈尔滨站前的街角广场打造成文化和旅游新地标，引领广大市民游客在音乐中沉浸式感受城市的浪漫律动与特色建筑风貌。

▼ 中央大街上的阳台音乐会

▲ 中央大街上的阳台音乐会

此时，一年一度的“中国·哈尔滨街头音乐节”也会在中华巴洛克历史文化街区等地举行。它以亲民、时尚、潮流为主要特色，以新时代、新形式器乐演奏和原创音乐为主要内容，借势音乐来打造深具哈尔滨特色的国际化文化交流平台。演出十分接地气，特邀中外名人同台献艺，并创新性地将器乐和原创音乐有机融合，一首首新颖别致的曲目，令观众耳目一新。届时，“中俄地方文化艺术季”街头路演，也会在中央大街火热进行，来自俄罗斯的艺术家们轮番表演舞蹈、独唱、小提琴独奏等节目，新颖别致，夺人眼球。这些丰富多彩的街头音乐表演，为哈尔滨的群众音乐文化注入了新的活力，更是有力地促进了哈尔滨文旅事业的发展。

哈尔滨群众音乐的蓬勃发展，始终与城市的发展脉搏同频共振——从工业时代的集体合唱，到国际化舞台的多元交响，无论采取何种表现形式，它都早已成为哈尔滨人民心心念念、翘首以盼的精神寄托。

■ 哈尔滨群众音乐文化特色鲜明

充分体现时代感、地域性和正能量

哈尔滨的群众音乐发展从未间断，伴随着历史的更迭，表现形式愈加丰富，逐步走向成熟。不管是在什么时代，在何种环境下，无论是街头表演，还是舞台演唱，也无论是红色歌曲还是民族歌谣，哈尔滨的群众音乐一直体现着时代性，与时俱进，弘扬主旋律，传递正能量。

▼ 中央大街上的演出活动

在成功举办第一届“哈夏”音乐会之后，许多音乐创作人员不断走入现实生活，为创作新作品打好基础。当时，郭颂、胡小石和汪云才打算将创作触角伸向少数民族音乐的宝库，最终选择赫哲族同胞生活的三个地方采风，他们与当地群众同吃同住同劳动，结下了深厚的友谊。三人在谈创作感受时想法逐渐趋于一致——描写赫哲族人生活的巨大变迁。他们融合当地民族音乐特色，改编推出了《乌苏里船歌》，歌曲在首都舞台上演唱时，反响十分热烈，不久传遍全国。1979 年，在第七届“哈夏”音乐会上，《乌苏里船歌》的旋律响起，获得观众热烈的掌声。这首歌郭颂唱了几十年，哈尔滨群众也唱了几十载，现在依旧还在唱。2025 年 2 月 7 日，莅临哈尔滨出席第九届亚洲冬季运动会开幕式的中外贵宾，步入太阳岛宾馆宴会厅前，40 名身着民族服装的少年儿童激情唱起“乌苏里江来长又长，蓝蓝的江水起波浪”，贵宾们纷纷致以热烈的掌声。

1980 年的冬天，王德把《我爱你，塞北的雪》的歌词拿给刘锡津，希望他能为歌词谱曲。在琴房里，刘锡津只用很短的时间就写成了整首作品。歌曲描绘了雪花飞舞的北国风光，通过雪花飞洒的浪漫场景，赞美了人们高尚的品格。在 1981 年第九届“哈夏”音乐会上，这首《我爱你，塞北的雪》得以推出，并荣获创作二等奖（一等奖空缺），不久之后便在哈尔滨广泛传唱，继而传遍大江南北。

本土与异域、高雅与通俗，多元共存

受历史的影响（如中东铁路修建、俄侨聚居等），哈尔滨的群众音乐融合了欧洲古典音乐、俄罗斯民间曲调与中国传统音乐元素，形成了独特的“欧亚风情”——“中西合璧、雅俗共赏”的群众音乐生态，具有多重色调，体现多元性，彰显国际化。

一是红色旋律经典呈现。解放初期，哈尔滨人开始唱《咱们工人有力量》《革命人永远是年轻》《志愿军战歌》，六七十年代则爱唱《怀念战友》《冰山上的雪莲》《大海航行靠舵手》《我们走在大路上》《走上这高高的兴安岭》，红色旋律伴随着工厂车间的劳动号子，感召着学校里的莘莘学子，自始至终回响在黑土地上。

二是本土民谣久唱不衰。东北民歌生动活泼，充分体现了东北人豪爽果敢的气质，哈尔滨的男女老少无不喜爱。《新货郎》《越走越亮堂》《乌苏里船歌》以及一些二人转小调，早已成为极具代表性的东北民歌，融入哈尔滨群众合唱的节目中，广为传唱。

三是俄罗斯乐曲韵味十足。作为中国最早接触俄罗斯文化的大城市之一，哈尔滨的音乐中始终离不开俄罗斯风情。《莫斯科郊外的晚上》《三套车》《伏尔加船夫曲》《喀秋莎》《红莓花儿开》等曲目为人们所熟知。

诚然，这种本土与异域、高雅与通俗，多元共存的音乐态势，是真正展现在哈尔滨艺术舞台上的旋律。

▲ 来自俄罗斯的艺术家们在表演

专业院团领衔出演，半职业团体助力出场

在哈尔滨音乐活动开展过程中，专业院团所起的作用不容忽视。为使高雅音乐走进市民生活，专业音乐院团每次高调领衔出演，推陈出新，半职业音乐团体频频助力出场，锦上添花。

哈尔滨交响乐团成立之初便演出了柴可夫斯基的《1812年序曲》，1927年又演出了贝多芬的《第九（合唱）交响曲》，这是这部作品在中国的首演。从1961年至今，“哈夏”音乐会经历了从地方性音乐活动到国际音乐盛事的发展历程，哈尔滨交响乐团是这段历史的全程参与者和见证者。1961年第一届“哈夏”音乐会是哈尔滨交响乐团的一个里程碑，当时的哈尔滨歌舞剧院管弦乐队（哈尔滨交响乐团前身）演奏了贝多芬的《第六（田园）交响曲》第一乐章。在2008年第二十九届“哈夏”音乐会上，哈尔滨交响乐团与德国柏林交响乐团联袂演出了开幕式专场交响音乐会。

▲ 第二十九届“哈夏”音乐会德国柏林交响乐团和哈尔滨交响乐团大型交响音乐会

黑龙江省歌舞剧院始建于1954年。在长期的艺术实践中，剧院创作并演出了大量为广大观众喜闻乐见的、具有鲜明民族风格和浓郁地方特色的音乐舞蹈节目。《鹰》《渤海公主》《中华吟》获多项大奖；《我爱你，塞北的雪》《太阳岛上》《新货郎》《北大荒人的歌》等歌曲，已成为脍炙人口的佳作。多年来，剧院承办的诸多大型庆典及纪念晚会，都在社会上产生良好反响。

▲ 第二十九届“哈夏”音乐会黑龙江省歌舞剧院演出大型原创歌舞《中华吟》

哈尔滨歌剧院前身为哈尔滨歌舞剧院。建院以来排演了《社长的女儿》《兴安岭战歌》《赫哲人婚礼》《绣花鞋》《白毛女》《刘胡兰》《星星之火》《洪湖赤卫队》《江姐》《兰花花》《芳草心》《茶花女》等多部中外著名歌剧和音乐剧。歌剧院除歌剧演出外，还经常举办独唱音乐会、综合性音乐会和交响乐演奏会。哈尔滨歌剧院是“哈夏”音乐会的全程参与者，此外，还承担天鹅艺术节、冰雪节晚会、新年音乐会等演出任务。

▲ 第二十八届“哈夏”音乐会哈尔滨歌剧院演出《八女投江》

哈尔滨师范大学音乐学院是由 1956 年成立的哈尔滨师范学院艺术系和 1965 年并入的哈尔滨艺术学院音乐系发展而来的。学院有交响乐团、民族乐团、合唱团、长笛乐团、舞蹈团等多个艺术实践组织，曾连续参演“哈夏”音乐会并主办“哈夏”音乐会国际手风琴艺术周。

2016 年，教育部正式发文批准建立哈尔滨音乐学院。学院弘扬哈尔滨音乐文化传统，培育高雅音乐市场，与哈尔滨市政府共同主办“哈尔滨音乐比赛”“勋菲尔德弦乐比赛”等大型国际音乐赛事。学院充分发挥专业优势，服务龙江文化旅游发展，让哈尔滨更具文化艺术氛围，推出 50 余部原创音乐作品，多次获国家级、省级奖项，在国家大剧院、哈尔滨大剧院、哈尔滨音乐厅等地展演，并广泛开展国际交流演出，培养了大批专业的音乐人才。

▼ 哈尔滨音乐学院交响乐团演出周末音乐会

哈尔滨芭蕾舞团成立于2019年，建团以来，始终坚持高定位、高起点、高效率的立团标准，以打造国际一流芭蕾舞团为目标。哈尔滨芭蕾舞团在第三十六届“哈夏”音乐会期间成功排演出世界经典芭蕾舞剧《胡桃夹子》，并登上国家大剧院舞台。芭蕾舞起源于欧洲文艺复兴时期的意大利，最初是宫廷演出的一种舞蹈形式，后来在法国、丹麦和俄罗斯的发展达到了鼎盛。芭蕾舞历经500多年的历史，成为世界上最具经典性和国际性的舞蹈艺术。中国的芭蕾舞教育始于哈尔滨，20世纪20年代初，芭蕾舞便传入了哈尔滨，之后俄国艺术家在哈尔滨创办了芭蕾舞学校，培养出一批专业人才。哈尔滨芭蕾舞团的创建，为哈尔滨历史文化名城特色文化的传承与创新，为哈尔滨走向世界、让世界了解哈尔滨迈出了坚实的一步。

▲ 哈尔滨芭蕾舞团演出《东方欲晓》

较早活跃在哈尔滨群众音乐圈里的半职业音乐团体，数不胜数。哈尔滨汽轮机厂民族乐队，自1961年第一届“哈夏”音乐会开始，多年来活跃在“哈夏”舞台上。太阳岛乐团则是改革开放后成立的较为著名的轻音乐团，该团是哈尔滨第一个把架子鼓、吉他弹唱、电子琴弹唱搬上舞台的团体，曾多次参加“哈夏”音乐会专场演出。此外，还有北方乐团、飞云合唱团、一方合唱团、自来水公司合唱团等知名团体，深受市民欢迎。

▲ 太阳岛乐团演出

近年来，哈尔滨的一些音乐团体非常活跃，演出活动颇为频繁。比较有影响的是哈尔滨美之声艺术团、哈尔滨爱乐乐团，还有由退休文艺爱好者组成的红色年华歌舞艺术团等。这些音乐团体不但参加过“哈夏”音乐会的演出，还参加过一些全国性的比赛，这充分反映出哈尔滨群众音乐团体具有较高的艺术水准。

文旅融合，相得益彰

哈尔滨作为“音乐之城”，群众音乐文化的底蕴极为深厚，而城市的旅游资源又格外丰富。故而，音乐与文旅相融合，将音乐与旅游精妙地连接起来，既可展现城市的文化特质，也为旅游产业注入了鲜活的人文温度。

在色彩缤纷、清爽宜人的哈尔滨夏天，“哈夏”音乐会系列活动吸引了众多游客的目光。除“市民音乐嘉年华”之外，一些街头表演也引得众人驻足欣赏，为多彩的夏日增添了浪漫韵味。在近些年颇受欢迎的街头音乐节上，哈尔滨本土音乐人与来自美、英、法等多个国家的音乐人共同献艺，《康定情歌》《太阳岛上》等名曲激情唱响，令人兴奋不已，现场的市民与游客亲身感受到了音乐无国界的魅力。

街头音乐节、街头音乐会、露天音乐舞会在夏季的哈尔滨已成为常态化的街头音乐表演形式，表演者在演奏精彩乐曲或是演唱时可邀请市民和游客即兴参与，进行沉浸式体验，并进行音乐互动，给人留下深刻印象。

▲ 江畔时光音乐会

▲ 第三十二届“哈夏”音乐会丹麦摇滚乐队演出

2024 年，道外七道街轮渡码头又出现了一道亮丽风景——“江鸥号”“江艺号”“江韵号”漫游于松花江上。这些游船由哈尔滨交通集团旅游集散中心精心打造，是“春风十里，尔滨有礼”文旅系列活动的重要组成部分。“江鸥号”游船以投喂江鸥为主题，游客在航行过程中可以近距离投喂江鸥；“江艺号”游船以观看特色演绎为主题，游客在航行过程中可以沉浸式体验特色歌舞、戏剧等节目；“江韵号”游船以音乐表演为主题，游客在航行过程中可以观看乐队或艺人现场表演，并参加音乐竞猜、歌唱互动等环节。此种以音乐表演与游览结合为主题的旅游场景，实现了群众音乐与旅游的精妙融合。

这种习习而来的烟火气、亲切感、自然感，能将城市的文化基因转化为可感知、可参与、可传播的旅游体验，从而实现从旅游“观光打卡”到音乐“情感共鸣”的自然升级。

参与门槛低、互动性强

哈尔滨的群众音乐活动具有参与门槛低、互动性强的特点，可使游客迅速领略哈尔滨的音乐魅力。徘徊在夏季的哈尔滨街头，游客可在中央大街听一场街头钢琴演奏，也可在松花江畔参与市民大合唱，如此便能体会到这座城市的文化底蕴与昂扬生机，体味这浓浓的烟火气。

事实证明，在哈尔滨，音乐是没有门槛的，名角可走下舞台，音乐发烧友可登上舞台，同唱一首歌。在“哈夏”音乐会期间，经常能看到音乐家与市民共同演出的情景。此外，丰富多彩的惠民活动持续不断，例如在“哈尔滨音乐日”前后，在第三十六届“哈夏”音乐会召开之际，哈尔滨大剧院组织市民开放日活动，不但有本地市民，更有外地的游客前来参观，让更多市民和外地游客走进剧院，了解剧院，感受“音乐之城”的艺术气息及独特魅力。“哈夏”音乐会期间，在各种演出活动中都可以见到来自各行各业的表演者，他们有老师、学生、工人、快递员、出租车司机等，只要爱好音乐，均可报名参与演出活动，有的还登上了专业舞台。这种“名角接地气，市民登大雅”的互动，使音乐成为全民共享的文化权利，为旅游观光增添了光彩。

▼ 第二十八届“哈夏”音乐会百架古筝演奏

凸显集体主义与乐观主义精神风貌

哈尔滨的群众音乐既是城市历史的回声，也是当代精神的缩影。作为老工业基地，哈尔滨的群众音乐活动依旧发扬着集体主义群众歌咏传统，充分展现了工人阶级的力量感与团结一致的集体主义精神，也展现出哈尔滨人民在时代变迁中始终葆有的家国情怀及历史责任感。

哈尔滨漫长的冬季与以此形成的独特冰雪文化，为哈尔滨音乐主题增添了一抹亮色。音乐作品常以冰雪为意象，悠扬的旋律中又带给人清凉之感，如哈尔滨冰灯游园会、哈尔滨冰雪大世界的背景音乐，既浪漫又充满生命力。在寒冷的冬天，群众合唱、街头即兴表演依旧常见于公园与广场。哈尔滨人就是这样通过音乐来传递豁达、幽默和坚韧乐观的品行，表达不屈的生命力、凝聚力，展现不畏严寒、不惧困苦的本色与自信。

▼ 哈汽公司"迎国庆"班组歌声文艺汇演

政府强有力的支持

哈尔滨音乐的繁荣与发展，离不开哈尔滨市委、市政府的统筹谋划与大力支持。近年来，哈尔滨市委、市政府高度重视“音乐之城”建设，深度挖掘这一资源价值，“软硬”兼修，持续放大“哈夏”品牌价值，以“音乐+”助推文旅融合破圈发展，支撑黑龙江文化强省战略，助力东北产业转型和全面振兴。哈尔滨还开国内先河，以立法形式将每年8月6日定为“哈尔滨音乐日”，不断增强“音乐之城”的影响力和吸引力。哈尔滨不断推动“音乐之城”建设步伐，通过政策引导、资源整合与品牌塑造，构建起立体化的群众音乐支持体系。这一过程既延续了红色音乐传统，又融入了新时代的创新实践，形成了“政府主导、社会参与、全民共享”的发展格局。

近年来，哈尔滨市先后建成哈尔滨音乐厅、哈尔滨大剧院等一批文化场馆，培育壮大哈尔滨交响乐团等一批专业院团，创作交响音画《丁香》《江山如画》等精品力作。文旅部门更将音乐与冰雪旅游结合，如冰雪大世界的“冰上音乐会”、太阳岛的“雪雕交响乐”。哈尔滨群众音乐的繁荣与发展，是地缘文化碰撞、工业文明滋养、红色文艺引领、人才生态循环、组织体系支撑与政府战略推动共同作用的结果。正是这种多维合力，才使哈尔滨市在重工业的硬核态势下形成了浪漫、多元的音乐符号，产生了哈尔滨市独有的全民参与、携手共进的文化现象。

▼ 第三十届“哈夏”音乐会广场演出全景

回顾哈尔滨群众音乐的发展历程，其在红色文化传播中发挥了重要作用。哈尔滨解放后，鲁艺师生上演的《黄河大合唱》《白毛女》、马可作词作曲的《咱们工人有力量》等音乐作品鼓舞了市民奋发向上的革命热情；新中国成立后，《革命人永远是年轻》《我们走在大路上》《采一束鲜花献给党》等经典歌曲的创作和演唱，都在传承着红色文化，传递正能量，已成为时代的强音。

哈尔滨群众音乐的作用，本质是抒发爱国情怀，弘扬正能量，即通过演唱，跨越时空，回到那激情燃烧的岁月，让每一个音符都化为前进的号角，让演唱者把自己对时代的敬意、对祖国的热爱、对城市的尊崇、对政府的感怀，都融入歌声里，为了祖国的繁荣富强而欢呼、歌唱。这种自下而上充满正能量的全民参与热情，激励着人们，使他们真切地感受到国家的强大和民族的复兴。

同时，群众音乐提高了人们的文化素养，凝聚集体力量。近年来，哈尔滨音乐演出多以广场、社区为舞台，街头演唱、演奏已成为市民日常生活的一部分。斯大林公园、防洪纪念塔广场等场所经常举办露天音乐会，民间演奏团体自发组织义务演出，且不断升级。社区音乐活动不仅丰富了居民文化生活，提高了居民文化素养，更促进了不同年龄、职业群体的交流，增强了集体的凝聚力。

▲ 第三十届“哈夏”音乐会闭幕式全景

音乐构筑起国际交流桥梁，增进中外友谊。哈尔滨作为中国北疆的音乐之城，其群众音乐文化以开放包容的姿态成为连接中外艺术交往的纽带。这座融合了多元文化基因的城市，通过百年积淀的音乐传统与当代创新实践，已使街头巷尾的旋律成为国际交流的生动语言，突出了“国际化”特色，增强了开放性。

近年来，哈尔滨市政府更加注重高雅艺术与群众文化并重，既保证国家级盛会水准，又要让广大群众最大限度地享受到文化利益，对群众音乐予以大力推动，加以引导，从而使得哈尔滨这座“音乐之城”的群众文化与音乐创作风格，润物细无声般地向融合中西兼顾民族音乐、地方音乐的多元性方向发展。例如，哈尔滨音乐学院创作的大型民族交响合唱《大国粮仓》以“中国粮食”“中国饭碗”为主线，以“北大荒精神”和“龙江担当”为底蕴，采用不同风格的音乐篇章传递着相同的忧患意识和民族精神，不同节奏的音乐段落反映龙江儿女坚韧不拔的品格，不同韵律的音乐起伏演绎自强不息的民族魂魄。配器手法洗练，场面气势磅礴，表演形式新颖，2024 年 6 月在哈尔滨音乐厅首演，引起轰动。哈尔滨芭蕾舞团 2024 年推出的现代芭蕾《东方欲晓》，用西方艺术演绎中国审美，创新舞蹈与音乐的叙事方式，令人耳目一新。

▲ 哈尔滨音乐学院演出《大国粮仓》

▼ 第三十二届“哈夏”音乐会演出现场

▲ 哈尔滨芭蕾舞团演出《东方欲晓》

▲ 黑龙江省首届中俄地方文化艺术季演出活动

哈尔滨群众音乐的发展，是一部多元文化交流的史诗，也是中国城市文化发展的缩影。从俄侨奏响的第一声钢琴，到“音乐之城”的国际赞誉，哈尔滨用百年时间书写了音乐与城市共生的传奇。这些经验启示我们，音乐不仅是艺术的表达，更是城市精神的载体、社会凝聚力的纽带。哈尔滨探索出了一条“以音乐赋能城市发展”的路径，即通过文化包容、政府引导、群众参与和科技融合，让音乐真正成为人民的精神家园。

哈尔滨
音乐文化的繁荣发展

音乐，是哈尔滨这座城市的灵魂。

哈尔滨一直与音乐相伴而行，可以说，哈尔滨的城市发展一直浸润在音乐之中，整座城市的发展史宛如一部恢宏的交响乐章。百年间，音乐不仅是哈尔滨的文化符号，更成为城市灵魂的底色。从中央大街的欧式建筑中飘出的钢琴声，到建筑艺术广场前的露天音乐会，音乐飘荡在城市的每一个角落。2010 年，联合国授予哈尔滨“音乐之城”称号，使其成为亚洲唯一获此殊荣的城市，这正是对哈尔滨百年音乐积淀与国际影响力的至高认可。

当松花江的波光与交响乐的旋律交相辉映，当冰雪的晶莹与音符的跃动完美契合，这座北国名城正以独特的艺术语言向世界诉说中国故事。来自五大洲的音乐家们在这里奏响文明互鉴的华章，冰雪艺术与古典音乐的交融演绎着跨文化的诗意对话。哈尔滨以其深厚的艺术积淀和创新表达，不仅重塑了城市的文化品格，更展现了中国地方文化实践的全球视野。

▼ 夜幕下的哈尔滨音乐厅，犹如璀璨的明珠，凸显哈尔滨独特的城市音乐特色

世界“音乐之城”，绽放多元魅力

“哈尔滨音乐日”诞生

哈尔滨这座“音乐之城”，有了自己的节日。2023 年 7 月 27 日，哈尔滨市十六届人大常委会第十一次会议表决通过决定，将每年 8 月 6 日定为“哈尔滨音乐日”。会议认为，音乐文化是哈尔滨的城市名片，设立“哈尔滨音乐日”是坚持以人民为中心，繁荣发展文化事业的重要举措，有利于丰富“音乐之城”内涵，展现哈尔滨市文化特质；有利于增强广大人民群众的幸福感、获得感，凝聚打造“宜居幸福之都”的共识和力量；有利于提升哈尔滨市的知名度、美誉度、开放度，进一步扩大哈尔滨的国际影响力。

“哈尔滨音乐日”的设立，也是哈尔滨打造的一张城市新名片。

在“哈尔滨音乐日”当天，丰富多彩的音乐演出活动纷纷上演，音乐作品比赛、群众歌咏比赛、音乐艺术展演等活动得到了广大市民的热烈欢迎。哈尔滨大剧院、哈尔滨音乐厅、哈尔滨音乐博物馆等免费参观，让广大市民分享音乐日带来的快乐，实现文化惠民，将“哈尔滨音乐日”打造成独具艺术特色的城市纪念日。在“哈尔滨音乐日”前后，城市的每个角落都跳跃着快乐的音符，彰显了哈尔滨这座“音乐之城”的迷人魅力。尤其是《遇见·哈尔滨》大型江上沉浸式演出一亮相，就引来无数惊叹声。情景剧、歌舞、杂技、水上表演等节目精彩纷呈，市民和游客在光影穿梭、时空变换中开启文化探寻之旅，深度感受哈尔滨的文化魅力。

▼《遇见·哈尔滨》大型江上沉浸式演出精彩纷呈

音乐交流与赛事活动

创办于 1961 年的“哈夏”音乐会已成为国际知名的音乐盛会，吸引世界各国的顶尖乐团前来献艺，哈尔滨的艺术团体也频频亮相国际舞台。这些文化交流活动不仅增进了相互理解，更为未来的深度合作开辟了广阔空间，使哈尔滨这座“音乐之城”持续焕发着跨越国界的艺术光彩。

歌声飘荡——从“聂耳、冼星海”声乐作品比赛到全国声乐比赛

为纪念聂耳逝世五十周年、冼星海诞辰八十周年，1985 年由中国文化部和中国音乐家协会联合举办首届“全国聂耳、冼星海声乐作品比赛”。比赛于 1985 年 8 月在风景优美、气候宜人的哈尔滨举行，比赛地点选定在哈尔滨松花江畔的友谊宫。艺术作品是时代生活的产物。这次比赛是以聂耳、冼星海的作品为主题的。聂耳、冼星海生活在中华民族蒙受耻辱与苦难、中国人民奋起反抗的时代。他们的作品准确地记录了时代前进的步伐，真实地反映了人民大众的生活，深刻地揭示了社会生活的本质。

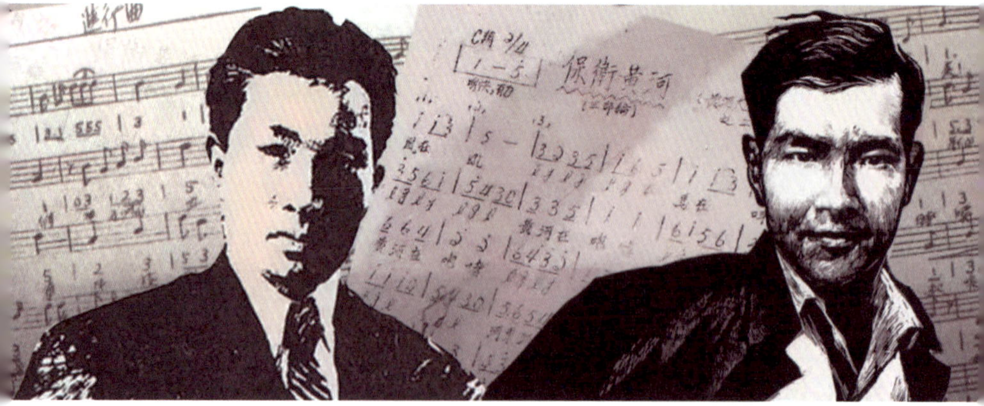

▲ 聂耳、冼星海

这是1949年后第一次全国范围内大规模的专题作品演唱比赛，国内多数音乐院校及专业团体均派出了最强的选手参赛。比赛分民族唱法和美声唱法，设金、银、铜和特别奖。经过此次比赛，大批青年歌手从这里走向了全国。这次比赛是新中国成立以来国内颇具权威性的一次声乐比赛，是对改革开放后全国声乐人才培养的一次大检阅。比赛中，民族唱法选手里出现了一批优秀的青年声乐人才，他们继承了民族声乐的优秀传统，演唱风格特色鲜明，情感质朴。美声唱法中也出现了一批声音纯净、音量宏大而富有表现力的优秀选手。比赛盛况空前，充分呈现了当时中国歌坛人才济济、蓬勃发展的繁荣景象。在比赛组委会的安排下，参赛选手们赛后游览了美丽的松花江。哈尔滨友谊宫热情和周到的服务、比赛组委会专业而细致的安排都给参赛选手和评委们留下了深刻的印象。首届全国聂耳、冼星海声乐作品比赛在哈尔滨的成功举办，使哈尔滨获得了举办国家级大型艺术比赛的经验，为日后承办这类活动打下了基础。

从2005年起，比赛正式定名为全国声乐比赛，并从2008年起落户哈尔滨，固定在两年一届的“哈夏”音乐会期间举办，目的在于更好地培养和推出优秀人才，为广大青年声乐人才提供更多脱颖而出的机会。这既是对“哈夏”音乐会的认可，同时也将大大增强“哈夏”音乐会的专业性。

这些国内顶级和国际水平的音乐活动，极大地推动了哈尔滨文化的繁荣发展，促进了哈尔滨文化软实力的增强。哈尔滨以高端而浓厚的音乐氛围为更多的国内外音乐家和各界朋友所向往。2018年，第十三届全国声乐展演暨全国优秀音乐剧展演在第三十四届“哈夏”音乐会期间拉开帷幕。展演活动推出了5场音乐会和6台音乐剧，为本届“哈夏”音乐会增添了光彩。高水准的系列展演活动，展现了当时国内最高水平的舞台声乐艺术，掀起了哈尔滨文旅活动的热潮，尽显音乐之城的独特魅力。在这次声乐展演活动中，著名声乐教育家郭淑珍、孟玲等对参演者进行了点评。众多知名歌唱家也对参演者进行集中辅导，使参加展演的歌手们在哈尔滨获得了一次难得的与专家们面对面学习的机会。

▲ 第十三届全国声乐展演（流行音乐组）演出现场

▼ 第十三届全国声乐展演（美声组）演出现场

本届音乐剧展演推出了众多优秀的作品，遴选出的6部音乐剧在音乐会期间共进行了12场演出。例如哈尔滨歌剧院演出的音乐剧《情动哈尔滨》，以抗日战争时期哈尔滨发生的历史故事为背景，描绘了一幅交织着家国情、故乡情、爱情、亲情、友情的情感画卷；苏州歌舞剧院排演的大型音乐剧《桃花笺》、山西省歌舞剧院演出的大型音乐剧《火花》等，获得了大量好评。

▲ 音乐剧《情动哈尔滨》

▲ 音乐剧《桃花笺》

▼ 音乐剧《火花》

众多优秀的选手和演员在哈尔滨的舞台上联袂演出，为观众带来了空前的音乐饕餮盛宴，也让更多的观众了解多元的音乐艺术形式在中国的发展，推动高雅艺术的普及与传承，也有利于进一步营造城市浓厚的音乐氛围，让优美动听的音乐长久回荡在冰城百姓的心中。

童声悠扬——国际少儿合唱节

哈尔滨的少儿音乐活动由来已久，多家少儿艺术团体多年来培养了一批又一批的音乐人才。他们不仅参加了历届“哈夏”音乐会的演出活动，还曾参加全国少儿演出活动，并多次在国内少儿艺术比赛中取得优异成绩。他们多次参加国际文化交流活动，在世界舞台上为祖国赢得了荣誉。

2018 年 7 月，哈尔滨首届国际少儿合唱节系列活动在哈尔滨市少年宫拉开帷幕。来自多个国家和地区的少儿合唱团参加了演出。这次国际少儿合唱节举办了一系列活动，来自俄罗斯的哈巴罗夫斯克儿童合唱团进行了专场演出。此次国际少儿艺术交流活动对于提升哈尔滨在国内外的影响力、推动城市少儿艺术的发展、打造国际化城市、促进各国少儿之间的文化交流和国家之间友好关系的发展起到了积极的推进作用。

2019 年 7 月 16 日，第二届哈尔滨国际少儿合唱节在哈尔滨举办。此届国际少儿合唱节的主题为“五洲童声、唱响冰城”，所举办的系列活动促进了国内外少年儿童合唱水平的提高，拓宽了国际少儿艺术交流的渠道，促进国际友好关系的发展。

哈尔滨国际少儿合唱节系列活动精彩丰富，所举办的中外少儿合唱艺术展演、专场音乐会、音乐大师讲座等，充分展示了国内外少儿合唱的艺术风采与魅力，让孩子们在体验高雅艺术的同时增进友谊，打造五洲汇聚的音乐艺术文化盛会。

▲ 第二届哈尔滨国际少儿合唱节比赛现场

江上琴音——国际手风琴艺术周暨国际手风琴比赛

手风琴及巴扬（俄罗斯乐器），对于哈尔滨人来讲并不陌生，手风琴艺术在哈尔滨有深厚的历史渊源和现实的群众基础。20 世纪上半叶，在哈尔滨的松花江畔、太阳岛和城市的街头巷尾，人们经常能听到外国侨民演奏这种乐器。深沉与忧伤的旋律伴随着乡愁，成为这座城市一种特定的记忆。国际手风琴艺术周这项活动在国际上具有独特的地位，在键盘专业领域有着持久而深刻的影响。2010 年，国际手风琴艺术周在“哈夏”音乐会期间成功举办。这项活动为世界青年手风琴演奏者和音乐专家们搭建了一个交流的平台，同时，来到哈尔滨的国外选手们也被这座城市的音乐氛围深深吸引。

如今，国际手风琴艺术周已经在“哈夏”音乐会的舞台上成功举办了多届，在国际音乐界和手风琴界引起广泛好评，成为哈尔滨与世界各国文化艺术交流的国际性音乐盛典，为推动中国乃至世界手风琴艺术事业发展发挥了重要作用。在国际手风琴艺术周期间，选手们怀揣着对音乐的热爱和梦想，在舞台上展现才华，体现了手风琴艺术的传承与发展。此外，活动期间还举办多种形式的音乐活动，例如国际手风琴比赛、大师班讲座、手风琴专场音乐会等，吸引来自多个国家的演奏大师交流讲学、办会展演。在将来，此项活动的规模和在业界的影响力会持续扩大，必将推动中国手风琴艺术向民族化和国际化发展。

▲ 第三十四届“哈夏”音乐会国际手风琴艺术周演出现场

弦乐飞扬——“勋菲尔德弦乐比赛”永久落户哈尔滨

“勋菲尔德弦乐比赛”由世界著名小提琴家爱丽丝·勋菲尔德（1921—2019）教授发起，同时为完成妹妹大提琴家爱伦诺·勋菲尔德（1925—2007）教授的心愿而创办。勋菲尔德姐妹教授是 20 世纪著名的弦乐教育家和演奏家，她们以音乐为纽带，架起中美两国文化艺术交流的桥梁，并开邀请资助中国青年音乐家走出国门迈向国际舞台的先河，为我国培养出众多的杰出音乐家和艺术领军人物。

首届“勋菲尔德弦乐比赛”由勋菲尔德教授的优秀学生薛苏里担任艺术总监，2013 年 8 月在中国香港成功举办。薛苏里是从哈尔滨走出去的当今活跃于国际乐坛的杰出旅美小提琴家和音乐教育家。2014 年，薛苏里将“勋菲尔德弦乐比赛”引入家乡哈尔滨，从此，“勋菲尔德弦乐比赛”在哈尔滨落地生根，推动“音乐之城”不断迈向国际。爱丽丝·勋菲尔德教授先后在 2014 年和 2016 年两届比赛期间亲自来到哈尔滨现场指导赛事，并出席了第三十三届“哈夏”音乐会开幕式，以 95 岁高龄成为有史以来出席“哈夏”音乐会开幕式最年长的国际知名音乐家。

▲ 薛苏里

哈尔滨“勋菲尔德弦乐比赛”于 2017 年作为中国首个大型综合国际弦乐赛事入选成为“世界国际音乐比赛联盟”成员，也是联盟成员中唯一的大型综合国际弦乐比赛。按照联盟章程，哈尔滨“勋菲尔德弦乐比赛”的全部议程均纳入该联盟体系，同时会得到联盟的全力支持，并进行全球推广。哈尔滨作为东西方音乐文化交流的纽带，开启了中国音乐迈向国际的崭新里程。

▲ 第三十二届“哈夏”音乐会“勋菲尔德弦乐比赛”开幕式演出

▼ 爱丽丝·勋菲尔德出席第三十二届“哈夏”音乐会“勋菲尔德弦乐比赛”开幕式

2019 年 12 月 30 日，经哈尔滨市政府常务会议决定，“勋菲尔德弦乐比赛”永久落户哈尔滨，并成为“哈夏”音乐会的重要品牌活动之一，也是中国首个由世界著名音乐家名字命名的国际比赛。2021 年，哈尔滨“勋菲尔德弦乐比赛”当选为世界国际音乐比赛联盟董事会成员，成为该联盟成立 60 多年以来第一个入选联盟董事会的中国成员单位，这极大地推动了哈尔滨国际文化交流以及音乐文化名城建设。世界国际音乐比赛联盟年会于每年在全球不同的联盟赛事成员所在城市举行，2025 年年会于 2025 年 6 月 25 日在哈尔滨市召开，来自世界各地的百位联盟成员的高层管理人员及国际媒体记者被邀请到哈尔滨出席会议。这次会议巩固世界“音乐之城”的国际地位和荣誉，极大地提高了哈尔滨在国内外音乐文化领域的影响力，同时也是向国际宣传哈尔滨音乐文化发展成就和哈尔滨音乐名城形象的重要平台，面向全球打造靓丽的国际都市形象，向世界展示“音乐之城”哈尔滨的非凡实力和音乐魅力。

▼ 2016 年哈尔滨“勋菲尔德弦乐比赛”现场

音乐之桥——奏响时代交响强音

基于较好的音乐发展基础，哈尔滨的音乐团体近年来不断发展壮大，以哈尔滨交响乐团、哈尔滨歌剧院、哈尔滨芭蕾舞团、哈尔滨音乐学院为代表的众多演出团体加强对外交流与合作力度，在国内外的演出舞台绽放魅力。以哈尔滨交响乐团为例，改革开放后，不断有国内外著名音乐院校的毕业生和指挥名家加入进来，使哈尔滨交响乐团锦上添花，进入一个新的历史发展阶段。该乐团曾与国内著名指挥家李德伦、黄飞立、郑小瑛、谭利华、李心草、吴灵芬等合作。

▲ 2023 年，哈尔滨芭蕾舞团演出芭蕾舞剧《灰姑娘》

▼ 2009 年，哈尔滨交响乐团在维也纳金色大厅演出《中华情韵》交响音乐会，指挥汤沐海

随着哈尔滨对外文化交往活动的日趋活跃，近些年来到哈尔滨进行友好访问的国外著名交响乐团络绎不绝。2013 年初冬时节，以色列爱乐乐团终身艺术总监、世界著名指挥家祖宾·梅塔偕夫人来哈尔滨观赏冰灯时，被群力松花江畔哈尔滨音乐公园里的数十件音乐雕塑深深吸引。祖宾·梅塔了解到哈尔滨有如此丰厚的音乐文化底蕴，便接受了哈尔滨市政府的热情邀请，此后多次来到哈尔滨执棒哈尔滨交响乐团。

2017 年，祖宾·梅塔率以色列爱乐乐团来到了哈尔滨，与哈尔滨交响乐团、深圳交响乐团合作，联合演出了莫扎特的《g 小调第四十号交响曲》、柴可夫斯基的《罗密欧与朱丽叶》序曲和柏辽兹的《幻想交响曲》等。在音乐会上，小提琴家薛苏里演奏了由其父薛澄潜改编的小提琴协奏曲《乌苏里船歌》，引起了在场观众的强烈共鸣。

▲ 世界著名指挥家祖宾·梅塔带领以色列爱乐乐团 2017 年在哈尔滨演出

俄罗斯马林斯基交响乐团是俄罗斯著名的乐团，该团多次来访哈尔滨。曾带来歌剧《战争与和平》、普罗科菲耶夫的《罗密欧与朱丽叶》组曲、肖斯塔科维奇的《b 小调第六交响曲》，以及与哈尔滨交响乐团合作演出柴可夫斯基的《e 小调第五交响曲》等。

▲ 俄罗斯马林斯基交响乐团演出

2014 年第三十二届“哈夏”音乐会期间，英国皇家爱乐乐团应邀在哈尔滨演出了两场交响音乐会，其中一场是以电影音乐为主题的音乐会。英国皇家爱乐乐团成立于1946年，由于该乐团在英国享有盛誉，被冠以“皇家”头衔，乐团指挥也是由世界著名乐团的指挥家轮流执棒。

▲ 英国皇家爱乐乐团交响音乐会

在每届“哈夏”音乐会期间，国内外的众多音乐演出团体齐聚哈尔滨，共同为冰城观众献上精彩的演出。一时间，精彩纷呈的音乐演出活动在哈尔滨如同汹涌的波涛，音乐之城成了名副其实的“音乐的海洋”。

▼ 美国百老汇音乐剧《音乐之声》

▼ 美国嘉里亚德铜管五重奏

▼ 俄罗斯国家芭蕾舞剧院演出《天鹅湖》

▼ 俄罗斯国家芭蕾舞剧院演出《天鹅湖》

▲ 四川音乐学院演出合唱

▲ 沈阳话剧团演出《月牙五更》

▲ 大连艺术学院交响音乐会

▲ 中国东方歌舞团演出《火一样的羞涩》

哈尔滨音乐文化底蕴深厚，近些年来，从音乐人才的培养、引进，到音乐作品的创作，都取得了长足的发展《丁香》《灯塔》《千里江山》《启航》《庆典序曲》《辉煌》等音乐作品的创作和演出，令哈尔滨的文艺舞台不断繁荣。

2025 年 4 月 26 日晚，国家大剧院音乐厅内悠扬的乐声缓缓流淌，由黑龙江青年作曲家臧婷创作的大型交响乐《松花江组曲》在此精彩奏响。哈尔滨交响乐团携原创委约作品《松花江组曲》闪亮登台，这是该乐团发展历程中的一次重大突破。黑龙江作曲家原创大型音乐作品登上国家大剧院，意义非凡。

▲《松花江组曲》在国家大剧院演出

当晚，在哈尔滨交响乐团艺术总监汤沐海的精妙执棒下，《松花江组曲》如同一部气势恢宏的历史巨著，缓缓翻开篇章。欢快的序曲拉开了《松花江组曲》的序幕，弦乐与管乐巧妙交织，好似松花江的江水波光潋滟，轻声诉说着百年来的沧海桑田，引领听众在悠扬的乐声中，深切感受时间的厚重质感与历史的深邃底蕴。组曲共分为七个乐章，分别为《松花江畔·百年回眸》《林海情深·琵琶悠扬》《赫哲雅韵·热情如火》《松花夏韵·静美如画》《猎归兽跃·江畔欢歌》《桥影悠悠·思绪绵绵》《长河天籁·浩荡东流》。观众沉浸在《松花江组曲》所传达出的磅礴力量之中，仿佛被卷入历史的滚滚洪流，随着音乐的跌宕起伏，一同翻阅着这幅波澜壮阔的历史画卷。

演出期间，国家大剧院音乐厅内座无虚席，每一曲终了，如潮水般汹涌的热烈掌声瞬间响起，对哈尔滨交响乐团演奏者的精湛技艺高度认可，对《松花江组曲》由衷喝彩。《松花江组曲》的成功演出不仅是哈尔滨原创音乐繁荣发展的缩影，更折射出本土音乐家对家乡之情的独特诠释。《松花江组曲》的作者臧婷历经三年打磨，以交响乐为画布，以民族音乐为色彩，勾勒出松花江流域的壮美山河与人文脉络。《松花江组曲》不仅是一部音乐作品，更是一部用音符书写的历史长卷，抒发了哈尔滨音乐人对这片黑土地的深情，展现出哈尔滨人民美好生活的图景。哈尔滨这座浪漫的音乐之城不仅为以臧婷为代表的哈尔滨音乐家们提供了创作素材，更为他们更好地展现冰城风貌、讲述龙江故事提供了更大的平台。

▲《松花江组曲》演出现场

▲《松花江组曲》作者臧婷接受采访

音乐滋养之花盛开

在开展音乐普及教育方面，哈尔滨致力于让音乐成为市民的生活习惯。高雅音乐的澎湃悠扬、地方小调的婉转热烈，抑或是国粹戏曲的激扬顿挫，于哈尔滨人而言，都像是蜿蜒细流，缓慢而长久地流淌进心间，打破时间的界限，百余年来，绵延不绝。早在多年前的哈尔滨，音乐就是必修课，无论是工厂车间、课堂学校、街区里巷、田间地头，还是家庭聚会、野餐露营，都少不了激扬的歌声，每个孩子基本都能掌握一种乐器的演奏方法。因为那时的许多工厂和学校都有自己的乐团、舞蹈队、合唱队，吹拉弹唱更是随处可见，这些多才多艺的“老文艺人”自然对下一代的影响颇深。人们在闲暇时间会带孩子进入影院、剧场、音乐厅，观看戏剧、歌剧、交响乐和芭蕾舞，让孩子亲身体会音乐的美好，将音乐的种子在不经意间播撒在孩子的心头，这更多的是一种无声的传承，使孩子们在潜移默化中形成良好的音乐素养。因此，哈尔滨的音乐教育在某种程度上来说，是一种“养成系”。

▲ 小演员们参加“哈夏”音乐会演出

哈尔滨的音乐教育注重“从娃娃抓起”。对于学生音乐素质的培养，哈尔滨市委、市政府历来高度重视。2014 年以来，哈尔滨市教育局联合哈尔滨交响乐团、哈尔滨歌剧院、哈尔滨话剧院、哈尔滨儿童艺术剧院、哈尔滨市少年宫小雪花艺术团等专业院团开展高雅艺术进校园活动，每年专场演出 200 场。每年所组织的演出活动丰富多彩，包括交响乐、民乐、芭蕾舞、儿童剧等在内的演出内容，不仅让学生拥有更加美好的音乐体验，还让观众领略了高雅生动的审美艺术形式，使音乐艺术浸润更多心灵。全市中小学在开设小提琴、萨克斯等特色音乐课的同时，各区县还遴选 50 所“课间戏曲操”试点学校，联合黑龙江省龙江剧艺术中心建立龙江剧“雏鹰”传承基地，带动全市戏曲教学。现在，周末的剧场里经常可以看到家长带着小朋友来听音乐剧。在“哈夏”音乐会期间，少儿音乐展演活动颇受关注，经常会举办少儿音乐专场演出，百架古筝、千台钢琴学生表演更是成为“哈夏”音乐会的经典画面。

▲ 小演员们参加“哈夏”音乐会演出

▲ 哈尔滨童声合唱艺术团演出

▲ 哈尔滨青年宫红领巾小百灵艺术团“哈夏”音乐会专场演出

▲ “哈夏”音乐会千台钢琴演奏

哈尔滨市少年宫在哈尔滨可谓家喻户晓，是哈尔滨艺术人才成长的摇篮。少年宫1955年创建，多年来在丰富孩子文化生活，加强少儿艺术教育的同时，为国家培养和输送了大批的艺术人才。提起哈尔滨市少年宫，就不能不提小雪花艺术团。作为哈尔滨的又一张“城市名片”，小雪花艺术团是哈尔滨市少年宫直属的少儿艺术团体，被誉为“冰城少年梦开始的地方”。团员多年来参与国际国内音乐赛事表演，并多次荣获奖项。在艺术团的成长过程中，多名享誉世界的音乐大师都曾来团亲自指挥和排练，例如朝比奈隆、蔡继琨、汤沐海、李德伦、郑小瑛、卞祖善、于海等。尤其是在2011年春节，小雪花艺术团登上了维也纳金色大厅，在世界级的高端舞台展示中国音乐的独特魅力，这充分展现出哈尔滨音乐基础教育的突出成果。

▲ 第十一届“哈夏”音乐会哈尔滨市少年宫合唱团大合唱《天天向上》

▲ 2011 年 2 月，哈尔滨市少年宫小雪花艺术团应邀赴维也纳金色大厅演出

2025 年 4 月 26 日晚，以“琴韵漫西城——竖琴艺术赋能社区美育”为主题的公益讲座式音乐会在哈西社区西城红场启幕。这次讲座以管弦乐为媒介，将课堂教育延伸至社区场景，推动高雅艺术常态化进社区，让艺术资源惠及更多市民。像这样的讲座，哈尔滨每年都会举办多次。哈尔滨充分利用“音乐之城”的优质资源，充分发挥专业音乐院校的社会服务功能，将专业资源与社区服务、大学实践活动与志愿者服务相结合，使以高雅音乐为代表的艺术文化普及宣传进入百姓社区，促进市民音乐文化素养的提升，进而增强基础音乐教育的普及性，使文化教育如春风细雨般走入百姓心间，助力冰城音乐文化发展。

▲ “琴韵漫西城——竖琴艺术赋能社区美育”公益讲座式音乐会现场

音乐名家在哈尔滨

奔腾不息的松花江不仅滋养着广袤的黑土地，更培养了哈尔滨人独特的艺术气质——他们有着挺拔的身姿、优雅的谈吐、动人的歌喉，以及对音乐与生俱来的热爱与追求。在这片沃土上，音乐不仅是艺术，更是生命的律动。得天独厚的地理环境、深厚的文化积淀、浓郁的艺术氛围，加之系统的音乐教育、丰富的艺术实践，共同造就了这座城市独特的音乐基因，使其成为当之无愧的世界“音乐之城”。无数音乐家从这里启航，在世界艺术的舞台上绽放光芒。他们当中既包括在哈尔滨出生，走向各地的音乐家，也包括在外地出生，曾在哈尔滨工作、学习并取得卓越成就的音乐家。他们为哈尔滨这座“音乐之城”增添了璀璨的艺术光芒，更为中国音乐的发展留下了永恒的艺术瑰宝。

◀
一座城市，有了江河就有了灵魂，波澜壮阔的松花江孕育出一代代英才俊杰。这条奔腾不息的水脉，将生命的活力注入城市的肌理，让哈尔滨在波光潋滟中焕发出独特的人文光彩

2010年8月6日晚，第三十届“哈夏”音乐会大型文艺晚会《永恒的旋律》在哈尔滨国际会展中心拉开帷幕。主持人代表主办方宣布傅庚辰、金铁霖、李双江、郭颂、刘锡津被授予“哈尔滨音乐艺术发展终身成就奖”这一荣誉称号时，现场响起了热烈的掌声。这一荣誉是对这五位音乐家几十年来对哈尔滨音乐发展所做出的卓越贡献的最高奖励。

傅庚辰，黑龙江双城（现哈尔滨市双城区）人，著名作曲家，中国文学艺术界联合会荣誉委员、中国音乐家协会名誉主席。曾为《闪闪的红星》《地道战》等70余部影视作品创作音乐，其中《红星照我去战斗》《映山红》等成为家喻户晓的经典。从1950年创作第一首器乐曲《秧歌舞曲》，傅庚辰共创作了各种体裁的作品近千部，其中歌曲占绝大多数，另外还有《星光啊！星光》等多部歌剧、舞剧、话剧音乐，以及《欢庆圆舞曲》等多部器乐作品。

金铁霖，生于哈尔滨，著名歌唱家、声乐教育家。1965年毕业于中央音乐学院声乐系，1981年调入中国音乐学院声乐系，先后任声乐系副主任、主任和院长等职。曾多次担任国家级声乐比赛评委。作为音乐教育家，他培养了大批民族声乐表演和教育人才，众多学生在全国和各省市声乐比赛中获奖，较有影响的有李谷一、宋祖英、阎维文、张也、戴玉强等。

李双江，生于哈尔滨，男高音歌唱家、声乐教育家。1959年考入中央音乐学院声乐系。在艺术实践中，他坚持走中西结合的道路，在刻苦钻研美声唱法的同时，还大量地从民族声乐艺术中汲取丰富的营养，并保持民族风格。李双江的演唱热情奔放，吐字清晰，音域宽广，尤其擅长演唱辉煌、华丽的高音。演唱代表曲目有《红星照我去战斗》《北京颂歌》《我爱五指山，我爱万泉河》《再见吧，妈妈》《延安颂》《丁香啊丁香》《打靶归来》等。

郭颂，生于沈阳，1953年调入哈尔滨，曾任黑龙江省歌舞剧院名誉院长、黑龙江省音乐家协会副主席等。1956年参加第一届全国音乐周，因唱东北民歌而崭露头角。作品具有鲜明的民族风格和地域特色，他改编创作和演唱的东北民歌，把二人转特色旋律很好地融入作品当中。在声音表现上高亢嘹亮、刚劲直爽，音域宽广，气韵悠长，突显出粗犷豪迈、热情奔放的东北特色。代表曲目有《看秧歌》《新货郎》《越走越亮堂》《乌苏里船歌》等。

刘锡津，生于哈尔滨，国家一级作曲家。创作的多部优秀作品获国家级奖项，代表作品有声乐作品：《我爱你，塞北的雪》《北大荒人的歌》《我从黄河岸边过》《东北是个好地方》等；器乐作品：合奏《丝路驼铃》，月琴组曲《北方民族生活素描》，箜篌和交响乐协奏曲《妙指流音》，交响诗《乌苏里》，月琴协奏曲《铁人之歌》，笙箫双协奏曲《古镇书香》等。

哈尔滨百年音乐教育的沃土，孕育了众多艺术英才。“哈夏”音乐会六十余载弦音不辍，成为享誉国际的文化名片，从黑土地走出的音乐家在世界舞台奏响中国强音。这里，是音乐家的摇篮，更是永不落幕的艺术殿堂——以冰雪为谱，以江水为弦，续写着永恒的旋律。

擦亮“音乐之城”文化名片

哈尔滨依托深厚的历史积淀和独特的区位优势，构建了特色鲜明的音乐文化产业体系。从 19 世纪末西方音乐传入开始，哈尔滨就形成了中西交汇的音乐文化传统，这为当代音乐产业发展奠定了坚实基础。近年来，哈尔滨重点打造“音乐之城”城市品牌，通过建设哈尔滨音乐厅、哈尔滨大剧院等世界级演艺场馆，举办“哈夏”音乐会、“勋菲尔德弦乐比赛”等品牌活动，形成了完整的音乐演艺产业链。

▼ 第三十六届“哈夏”音乐会市民音乐嘉年华系列文化活动

近些年来，哈尔滨积极推动音乐与冰雪旅游、创意设计等产业的跨界融合，开发出冰雪音乐会、音乐主题街区等特色产品。在产业布局方面，哈尔滨注重发挥音乐教育的传统优势，支持哈尔滨音乐学院等专业院校发展，培育音乐创作、表演、经纪等专业人才。通过政策引导和市场运作相结合的方式，吸引社会资本投入音乐产业，促进音乐创作、演出、培训、衍生品开发等全链条协同发展。

在哈尔滨西城红场，一只巨型“蚂蚁”格外引人注目。这座工厂遗址，如今已成为一个创新性的商业生态平台，其音乐文化属性也逐渐凸显出来。西城红场围绕“音乐+”进行了探索。多次举办钢琴演奏会、演唱会，搭建群众与明星共同表演的舞台，策划音乐文化公益活动等。音乐为园区注入了发展动力，在西城红场，有多家与音乐相关的酒吧和餐厅。此外，哈尔滨还有多家演艺机构依托“音乐之城”的城市特色，策划推出音乐剧、音乐会等演艺产品，受到市民游客的热烈欢迎，在很大程度上推动了哈尔滨文旅产业的发展。

▲ 哈尔滨西城红场前的蚂蚁雕塑

哈尔滨市大力推动音乐艺术等文化产业发展，通过出台系列扶持政策，深化音乐与文旅产业融合创新。依托城市深厚的音乐文化底蕴，哈尔滨正着力打造具有国际影响力的文化品牌：一方面积极推进百年哈尔滨交响乐团的职业化建设，提升其专业水准和国际知名度；另一方面深化芭蕾舞团体制机制改革，面向全球引进顶尖艺术人才。同时，充分发挥“哈夏”音乐会等品牌活动的平台效应，为艺术院团创造更多对外交流展示机会。在文化设施运营方面，积极探索剧院、音乐厅等场馆的社会化、市场化运营模式，不断完善配套服务体系，全力构建“音乐+”全产业链生态，为城市高质量发展注入文化新动能。

作为第三十六届“哈夏”音乐会重要板块之一，哈尔滨国际音乐文化产业博览会（以下简称音博会）于2023年9月8日至11日在哈尔滨国际会展中心举行，此届音博会以“共创音乐产业新平台，共享美好生活新机遇”为主题，利用世界“音乐之城”的国际地位、“哈夏”音乐会的国际影响力，借助哈尔滨入选国家对外文化贸易基地契机，充分发挥哈尔滨音乐文化资源禀赋和区位优势，汇聚国内外音乐文化名企、名牌、名人、名师，全力打造国际音乐文化全产业链贸易平台和东北亚音乐文化交流合作平台。

此届音博会由哈尔滨市人民政府、中国舞台美术学会、中国录音师协会共同主办，中国乐器协会、中国文化娱乐行业协会等12家单位支持。充分利用“哈夏”音乐会的深厚文化底蕴和国际品牌效应，全力做好音乐文化产业的交流与贸易，为高标准组织展会奠定基础。

▲ 2023哈尔滨国际音乐文化产业博览会现场

音博会成功邀请了7个国家108家展商参展，国外品牌展品占比达到40%，成功吸引了来自多个国家和地区的大批境外采购代表参展，深入促进音乐文化产业的国际化交流。音博会总展出面积为1.2万平方米，根据音乐文化产业链条发展实际，规划设置了8大主题展区，涵盖了音乐创作、乐器生产、培训教育、声光视讯、版权交易等音乐文化的全产业链条，让参展观众可以全方位了解音乐文化，让采购商可以最大化找到合作商机。

在音博会交流贸易的同时，同步开展品牌推广会、经典大师课、特色音乐展演、主题招商推介、音博会开幕式、团队实地考察等30余项配套活动，着力丰富音博会的内涵与外延，力求打造中国北方音乐文化产业第一交流交易大会，创新引领哈尔滨音乐之城建设，为“哈夏”音乐会增添浓墨重彩的一笔。本届音博会的举办，对于哈尔滨音乐文化产业发展具有重要意义，是“哈夏”音乐会创办60多年来的又一次创新，也是东北地区音乐文化产业交流贸易的一次创新，更为哈尔滨的音乐文化产业发展拉开了昂首奋进的序幕。

▲ 2023哈尔滨国际音乐文化产业博览会现场

▲ 2023 哈尔滨国际音乐文化产业博览会中国舞台美术学会展位

▲ 2023 哈尔滨国际音乐文化产业博览会声光视讯展区

哈尔滨被联合国授予“音乐之城”称号

哈尔滨是中国接触欧洲古典音乐最早的城市，音乐便是哈尔滨城市文化的名片。对于哈尔滨这座历史文化名城而言，2010 年 6 月 22 日是一个非常值得骄傲的日子。哈尔滨被联合国经济和社会事务部授予“音乐之城”称号。

哈尔滨获得了“音乐之城”的美誉，这不仅是对哈尔滨在精神传承和文明发扬方面不懈努力的最高认可，还进一步增强了哈尔滨的国际文化影响力，更使其成为国际音乐文化交流的重要城市。近年来，得益于这一品牌效应，哈尔滨成功吸引了多项具有全球影响力的音乐赛事和艺术活动落户，为城市对外文化交流搭建了高水平的国际平台。这些高质量的文化交流活动持续拓宽了哈尔滨的国际“朋友圈”，使这座北方城市逐步发展成为连接中国与世界音乐艺术的重要纽带。

对哈尔滨市民而言，“音乐之城”的创建极大地增强了城市文化认同感和归属感。走在中央大街和斯大林公园，游客随时可邂逅即兴的街头音乐表演；在哈尔滨大剧院和哈尔滨音乐厅，市民也能欣赏到世界级的精彩演出；各个社区蓬勃发展的群众合唱团、管乐队，更让音乐成为市民日常生活的组成部分。这种浓厚的音乐氛围让哈尔滨人由衷地为自己的城市骄傲，也激发了他们参与城市文化建设的热情。正是这种全民参与、全民共享的音乐生态，让哈尔滨的“音乐之城”称号更具含金量，也让世界看到了这座城市深厚的音乐底蕴和人民奋发向上的精神风貌。

▲ 中国·哈尔滨·音乐之城奖牌

艺术殿堂星罗棋布——哈尔滨音乐场馆新地标

2014 年，当古老的管风琴声在哈尔滨的夜空庄严回荡，国内首座引进意大利管风琴的哈尔滨音乐厅正式揭幕。这座现代音乐圣殿的诞生，不仅延续了“百年哈响”的艺术血脉，更以崭新的姿态谱写着“音乐之城”的时代交响。2015 年，一座荣获“2015 年世界最佳建筑”之“最佳文化类建筑”殊荣的音乐文化地标在松花江畔巍然矗立。哈尔滨大剧院的落成，犹如栽下了一棵引凤的梧桐，吸引了祖宾·梅塔、何塞·卡雷拉斯等国际音乐大师，以及以色列爱乐乐团等世界顶级乐团来哈演出。在这些音乐殿堂里，一场场异彩纷呈的演出轮番上演，让冰城乐迷在家门口就能享受到世界级的音乐盛宴。承载着百年记忆的老会堂音乐厅，如今也焕发新生，吸引市民和游客领略高雅艺术的魅力。除此之外，哈尔滨音乐博物馆、哈尔滨音乐公园等音乐文化场所的兴建，带动了哈尔滨音乐文化产业蓬勃发展。这些跨越时空的音乐场所共同描绘着哈尔滨独特的艺术图景，让“音乐之城”的美名愈发响亮，也让这座城市的每个角落都跳动着动人的音符。

流淌的城市音符——哈尔滨音乐博物馆

哈尔滨音乐博物馆于 2021 年 4 月 16 日正式开馆。哈尔滨音乐博物馆以哈尔滨一百多年的音乐历史为舞台，收藏、保护、研究和展示音乐文化遗存，以哈尔滨百年红色音乐文化为展览主脉，总计收纳 1000 余件展品。哈尔滨音乐博物馆是一座专题性博物馆，展示哈尔滨音乐历史渊源，有益于传承中国地方音乐文化，促进中西方音乐文化交流。

哈尔滨音乐博物馆基本陈列依托哈尔滨百年音乐历史，立足时代发展变迁。博物馆共设“黑土地历史音乐文化”“闯关东的民间艺人”“西方文化的传入”“抗战音乐文化的兴起”“延安鲁艺在黑龙江”“哈尔滨之夏音乐会的诞生”“城市音乐的百年瞬间”“儿童乐器展区”等 15 个展区。千余件展品见证了不同历史时期哈尔滨音乐文化发展的轨迹，展品涵盖乐器、史料、图片、手稿手迹以及大量的音像资料等，反映了不同历史时期哈尔滨音乐艺术发展成就，讲述开放、多元、包容、优雅的城市故事。

▲ 哈尔滨音乐博物馆

哈尔滨音乐博物馆每年平均接待近十万来自国内外的参观者，特别是“红色研学”活动日益增加。音乐是哈尔滨城市文化的灵魂，音乐博物馆就是城市文化的新地标，此地也成为越来越多的市民和游客的打卡地。

2010 年，哈尔滨被联合国经济和社会事务部授予的“音乐之城”荣誉奖牌原件，就展示在音乐博物馆的前厅。展馆内展示了很多乐器，有铜锣、蛇皮鼓、阮琴、柳琴、月琴、椰胡、板胡、南胡，还有钢琴、手风琴、巴拉莱卡，以及其他与音乐有关的物件。音乐名人墙展示出近 300 位在哈尔滨出生、从哈尔滨走出的音乐名人。此外，还有《太阳岛上》《乌苏里船歌》的手稿和少数民族乐器，无不向游客诉说着黑土地音乐文化的广博与精深。

▼ 哈尔滨音乐博物馆内的“音乐名人墙”

这里的每一件藏品仿佛一个音符，透过岁月的斑驳，化为可以触摸的历史，映入人们的眼帘。它们虽斑驳褪色，但却可以使人在无声的静默中，更好地感受它们所经历的风霜雨雪，聆听这段光阴更替和岁月涤荡的故事。

▲ 哈尔滨音乐博物馆展出的乐器

激昂的战歌——人民音乐家郑律成纪念馆

“向前，向前，向前！我们的队伍向太阳，脚踏着祖国的大地，背负着民族的希望，我们是一支不可战胜的力量……”每当这首歌曲的旋律响起，总能令人心潮澎湃，产生一种无法言说的振奋和激动，仿佛看到一支勇敢无畏的人民军队伴随着雄壮的战歌奔向战场，为中华民族的解放事业英勇拼搏。郑律成正是这首不朽名曲的曲作者。

郑律成是中国杰出的作曲家，作有《八路军大合唱》等大型作品10余部、歌剧《望夫云》及歌曲《延水谣》《中国人民志愿军进行曲》等近300首。代表作《延安颂》《八路军军歌》《八路军进行曲》等歌曲流传甚广。其中《八路军进行曲》于解放战争期间更名为《中国人民解放军进行曲》，后被定为中国人民解放军军歌。

▲ 人民音乐家郑律成纪念馆

人民音乐家郑律成纪念馆成立于2009年7月25日，是一座集文物征集、收藏、展示于一体，系统展示人民音乐家郑律成革命音乐人生的人物专题馆。纪念馆所收藏的藏品均由郑律成家属及朋友捐赠，藏品主要为郑律成创作的曲谱手稿、收集的音乐书籍和资料，以及郑律成生前使用过的物品等。

▼ 人民音乐家郑律成纪念馆展厅

“浮游冰晶”式的设计——哈尔滨音乐厅

哈尔滨音乐厅的整体设计别具一格，造型采用“浮游冰晶”的设计方案，完美契合了哈尔滨的冰雕艺术和冰雪文化发展理念，是一座现代化的音乐演出殿堂，同时是哈尔滨的又一处音乐地标性建筑。为了增强声学效果，设计团队研究设计了最合适的建筑体量，并使候场大厅与观众厅形成浑然一体的无柱大空间的最新型音乐鉴赏方式成为可能。

音乐厅拥有 1200 座席的大厅、400 观众席的小厅以及候场大厅。建筑主体采用倾斜的钢骨架结构，而外层采用双层玻璃幕墙，即在传统玻璃幕墙的内侧加装一层工艺雕刻玻璃幕墙，利用现代技术进行结构和建筑声学的分析，达到严密的具体化的设计结果，目的是使音乐厅内部达到专业级的声学标准。

▲ 哈尔滨音乐厅室内

▲ 哈尔滨音乐厅

▲ 夜幕下的哈尔滨音乐厅

音乐厅不仅体现了建筑设计的精湛技艺，也彰显了哈尔滨作为音乐之城的独特魅力。在夏日冰城的夜晚，音乐厅仿佛一颗璀璨夺目的钻石，发出闪耀的光芒，镶嵌在“音乐之城”亮丽的名牌之上；在骄阳映照的白日，音乐厅晶莹剔透，犹如冰雪精灵降落，在太阳的光辉下，分外夺目。伴随此间激昂顿挫的节奏，游客和市民仿佛能在这“浮游冰晶”的精美建筑上看到灵动跳跃的音符，感受古典韵味与现代潮流的完美融合，仿佛穿梭百年岁月，触摸这座“音乐城市”的历史厚度。

▼ 哈尔滨音乐厅鸟瞰

“老会堂”里的室内乐——老会堂音乐厅

老会堂音乐厅拥有厚重的文化积淀，是室内乐演出的良好场地。老会堂室内音乐演出活动的举办，是对融入哈尔滨血脉的音乐文化的传承和发展，向人们展示一个更具文化内涵、更具古典气息的哈尔滨。音乐厅面积约 400 平方米，厅内有 108 个座位。

▲ 老会堂音乐厅

老会堂音乐厅室内乐演出以弦乐重奏和声乐演出为主，演出单位主要为哈尔滨交响乐团室内乐团、黑龙江省歌舞剧院歌剧团、黑龙江省歌舞剧院交响乐团、哈尔滨师范大学音乐学院和哈尔滨音乐学院等。2017 年，音乐厅增加了黑龙江省歌舞剧院歌剧团《茶花女》剧组带来的室内乐版经典歌剧《茶花女》，并不定期邀请国内外音乐家到音乐厅指导并演出。

2024 年，全面改造后的老会堂音乐厅迎来了十周年纪念日。十年来，老会堂音乐厅共举办演出 1664 场，观众超过 18 万人次。近年来，随着哈尔滨“音乐之城”影响力逐步增强，老会堂音乐厅不断发挥着音乐之城“会客厅”功能，每年吸引数十万中外来宾、游客和音乐爱好者前来参观游览，感受经典音乐的魅力。

▲ 老会堂音乐厅内部

▲ 老会堂音乐厅室内乐演奏

“雪丘造型”设计的大剧院——哈尔滨大剧院

哈尔滨大剧院坐落在松花江北岸文化中心岛内，是哈尔滨规模最大、设施最完备、功能最完善的音乐文化综合体。哈尔滨大剧院犹如镶嵌在松花江畔的璀璨明珠，曾被评为“2015 年世界最佳建筑”之“最佳文化类建筑”，获得世界建筑新闻“2016 最佳表演空间”奖。它不仅是哈尔滨市的地标性建筑，更是游客和市民观光休闲参与文化活动的文旅胜地。

▲ 哈尔滨大剧院

设计团队以北国冰城为灵感，造型如连绵的雪山与冰川，融合自然意象与先锋美学。哈尔滨大剧院包含大剧场、小剧场及音乐博物馆等功能空间。建筑采用异型双曲面钢结构体系，施工工艺极为复杂。内部流线型的空间与外部造型形成呼应，溶洞式的空间及岛式看台更增加了声学设计的品质。

▲ 哈尔滨大剧院鸟瞰

哈尔滨大剧院是全球首例采用自然光引入技术的建筑，在非演出时段实现了环保照明，开创了节能环保的新模式。另外，在大剧院内特别设置的观景平台和观光环廊，为观众提供了俯瞰周边湿地、饱览冰城独特风光的绝佳视角，实现建筑与环境的诗意对话。

自2015年建成以来，不断有来自世界各地的高水平的交响音乐、歌舞戏剧、芭蕾舞剧等团体在哈尔滨大剧院演出，为国内外的观众献上精彩的艺术盛宴。这里也是“哈夏”音乐会以及大型艺术活动的主要场地，仅2024年11月—2025年2月的哈尔滨第三届冰雪文化艺术季期间，哈尔滨大剧院就推出了80余场国内外精品演出，受到了本地市民和外地游客的广泛好评，经常一票难求。

▲ 哈尔滨大剧院

作为冰城的文化地标，哈尔滨大剧院依水而建，其建筑轮廓如雪山般绵延起伏，夏季若银色缎带飘扬于江水之畔，冬季又似仙雕玉琢矗立于银装素裹的世界。哈尔滨大剧院不仅展示了哈尔滨的文化底蕴和艺术魅力，也为这座城市带来了无限的活力与生机，更以流动的空间语言诠释着艺术与自然的和谐共生。

中国首家音乐雕塑公园——哈尔滨音乐公园

哈尔滨音乐公园坐落于松花江南岸的群力新区，是以音乐为主题的沿江景观带。音乐长廊既是公园的标志性建筑，也是公园与群力新区景观轴线的重要交会节点。音乐公园由三部分构成：东侧的东方音乐主题公园，西侧的西方音乐主题公园，以及中间将东西两侧主题公园连接在一起的双塔式巴洛克风格音乐长廊。

▲ 哈尔滨音乐公园

为传承哈尔滨音乐历史文脉，突出哈尔滨“音乐之城”的城市特质，音乐公园精心打造多个特色音乐主题景观。音乐长廊特别设置展现“哈夏”音乐会相关内容的板块。同时，音乐公园将群力新城的现代音乐设施与松花江自然风光连接起来，构建了一个集艺术体验、生态休闲于一体的城市公共空间。

冬天，音乐公园的大雪人吸引众多游客前来观赏。在夜晚，大雪人与左右两边高层建筑交相辉映，为璀璨迷人的冰城夜景增添了一丝梦幻色彩。

▲ 音乐长廊一角

▼ 音乐长廊内部

▲ 冬天的音乐长廊全景，大雪人吸引众多游客前来观赏

夏日的松花江畔，花香袭人，鸟语虫鸣。游客和市民可以在人行道上散步，也可以在江堤上慢跑，耳边萦绕着悠扬的乐曲，让过去只能参观游览的公园，变成可以聆听美妙旋律的休闲胜地。音乐公园所播放的乐曲中，既包含歌颂祖国、赞美家乡的主旋律歌曲，也包括颇受年轻人欢迎的流行音乐，节庆期间还会播放应景的经典曲目，营造欢乐祥和的游园氛围。徜徉于音乐公园，人们可以细细品味着“宫商角徵羽”的古韵，抚摸着音乐名人的雕塑，仿佛回到百年前，与他们来一场穿越时空的音乐交流……

中国首家音乐博物馆——黑龙江音乐博物馆

黑龙江音乐博物馆诞生于 2006 年 1 月 22 日，为中国首家民营音乐博物馆。主要展览内容为黑龙江流域多民族的音乐文化历史，主要展出东西方乐器、音像资料、乐谱资料、珍贵文图等三千余件音乐展品。黑龙江音乐博物馆以保护和传承地方音乐文化为宗旨，以黑龙江流域千年文脉和哈尔滨百年音乐文化为主线，串联起了沧桑厚重、绚丽多彩的地方音乐历史。2015 年 8 月，黑龙江音乐博物馆更名为哈尔滨音乐学院音乐博物馆。

▼ 冬夜里的黑龙江音乐博物馆

哈尔滨以深厚的音乐文化积淀，持续激发着城市的创新动能。街头巷尾跃动的音符，奏响了市民精神富足的幸福乐章；开放包容的艺术胸怀，铸就了城市文明进步的持久动力。在这里，音乐既是时代的赞歌，也是献给人民的艺术结晶。书籍有终章，但哈尔滨音乐的发展永远没有休止符。这座“音乐之城”正以昂扬的姿态，谱写艺术高质量发展的崭新篇章。